小学4年　国　語
ハイクラステスト

はじめに

この『**国語 ハイクラステスト**』は、教科書の内容を十分に理解したうえで、よりハイレベルな学力を目指す小学生のみなさんのために編集したものです。

本書は、『**国語 標準問題集**』よりもさらに精選されたハイレベルな問題を集めるとともに、教科書で取り上げられている、いわゆる“**発てん的な学習内容**”もふくまれており、「中学入試準備問題集」としても活用していただけます。

また、解答編には、くわしく親切な「**考え方**」や「**注意**」をもうけて、学習しやすいものにしています。

目次

1 漢字の読み……2
2 漢字の書き……6
3 かなづかい・送りがな……10
4 漢字の組み立て（画数・部首・漢字辞典の使い方）……14
5 熟語の組み立て……18
◆ チャレンジテスト①……22
6 言葉の意味……24
7 ことわざ・慣用句・四字熟語……28
8 文の組み立て（主語・述語・修飾語）……32
9 言葉の種類（名詞・動詞・形容詞）……36
◆ チャレンジテスト②……40
◆ チャレンジテスト③……42
10 説明文①（指示語）……44
11 説明文②（接続語）……48
◆ チャレンジテスト④……52
12 物語文①（人物）……56
13 物語文②（場面・出来事）……60
◆ チャレンジテスト⑤……64
14 説明文③（要点を読み取る）……68
15 説明文④（細部を読み取る）……72
◆ チャレンジテスト⑥……76
16 物語文③（気持ちの変化を読み取る）……80
17 物語文④（ものごとの理由）……84
18 いろいろな文章……88
◆ チャレンジテスト⑦……92
19 論説文①（筆者の意見）……96
20 論説文②（意見の理由）……100
21 伝記文……104
◆ チャレンジテスト⑧……108
22 随筆文①（出来事・体験）……112
23 随筆文②（筆者の思いや考え）……116
◆ チャレンジテスト⑨……120
24 詩・短歌・俳句……124
◆ チャレンジテスト⑩……128
● 仕上げテスト①……130
● 仕上げテスト②……134
● 仕上げテスト③……138
● 仕上げテスト④……142
● 答　え……別さつ

本書に関する最新情報は，当社ホームページにある本書の「サポート情報」をご覧ください。（開設していない場合もございます。）

1 漢字の読み

〔　月　日〕

学習内容とねらい
漢字の読み方を身につけます。音読みと訓読みを意識して覚えることで、熟語の意味をとらえやすくなり、記おくの定着にもつながります。

標準クラス

1 次の漢字の読み方を書きなさい。

① 小包（　　　）　② 手芸（　　　）
③ 駅伝（　　　）　④ 単位（　　　）
⑤ 労働（　　　）　⑥ 告白（　　　）
⑦ 固定（　　　）　⑧ 衣服（　　　）
⑨ 木材（　　　）　⑩ 家臣（　　　）
⑪ 食塩（　　　）　⑫ 徒歩（　　　）
⑬ 紀元（　　　）　⑭ 司法（　　　）

2 次の漢字の読み方を書きなさい。

① 努（　　　）める　② 念（　　　）じる
③ 加（　　　）える　④ 喜（　　　）ぶ
⑤ 別（　　　）れる　⑥ 泣（　　　）く
⑦ 願（　　　）う　⑧ 告（　　　）げる
⑨ 祝（　　　）う　⑩ 照（　　　）らす
⑪ 戦（　　　）う　⑫ 必（　　　）ず
⑬ 欠（　　　）ける　⑭ 争（　　　）う

3 次の漢字の読み方の正しいほうを選び、記号で答えなさい。

① 天然（ア てんぜん　イ てんねん）（　　）
② 漁業（ア ぎょぎょう　イ りょうぎょう）（　　）
③ 得手（ア えて　イ とくしゅ）（　　）
④ 年輪（ア ねんわ　イ ねんりん）（　　）
⑤ 新型（ア しんがた　イ しんけい）（　　）
⑥ 競争（ア けいそう　イ きょうそう）（　　）

⑦ 発芽（ア はつが　イ はつめ）（　）
⑧ 関所（ア かんしょ　イ せきしょ）（　）
⑨ 手鏡（ア しゅきょう　イ てかがみ）（　）
⑩ 世帯（ア せたい　イ せおび）（　）

4 次の漢字の読み方を書きなさい。

① 借金（　）　借（　）りる
② 続行（　）　続（　）ける
③ 配置（　）　置（　）く
④ 養分（　）　養（　）う
⑤ 持参（　）　参（　）る
⑥ 結末（　）　結（　）ぶ
⑦ 左折（　）　折（　）れる
⑧ 不満（　）　満（　）たす
⑨ 追求（　）　求（　）める
⑩ 老後（　）　老（　）いる
⑪ 伝説（　）　説（　）く
⑫ 例題（　）　例（　）える

5 次の――線の漢字の読み方を書きなさい。

① あせを出す器官。（　）
② 薬の副作用はこわい。（　）
③ 明日、投票が行われる。（　）
④ 約束は守ります。（　）
⑤ ぼくは末っ子だ。（　）
⑥ 家ちくの放牧。（　）
⑦ 胃腸の調子がよい。（　）
⑧ 種類別に分ける。（　）
⑨ 今日は姉の卒業式だ。（　）
⑩ 野菜ジュースを作る。（　）
⑪ 白組に軍配があがる。（　）
⑫ 録音されたテープ。（　）
⑬ 弟が熱心に絵をかいている。（　）
⑭ 中国の歴史について学ぶ。（　）
⑮ こん虫の標本を見る。（　）
⑯ 的外れなことを言う。（　）

ハイクラス

時間 25分　合かく点 75点　得点 点　（ 月 日）

1 次の漢字の読み方を書きなさい。（10点・一つ一点）

① 街灯（　　）　② 国旗（　　）
③ 協力（　　）　④ 育児（　　）
⑤ 山脈（　　）　⑥ 景色（　　）
⑦ 博士（　　）　⑧ 兵力（　　）
⑨ 友達（　　）　⑩ 辞典（　　）

2 次の漢字の読み方を書きなさい。（10点・一つ一点）

① 察（　　）する　② 失（　　）う
③ 最（　　）も　④ 栄（　　）える
⑤ 果（　　）てる　⑥ 囲（　　）む
⑦ 改（　　）まる　⑧ 挙（　　）げる
⑨ 勇（　　）む　⑩ 刷（　　）る

3 次の——線の漢字の読み方を書きなさい。（30点・一つ一点）

① 感覚（　　）　覚える（　　）　目覚め（　　）
② 好物（　　）　好む（　　）　好く（　　）
③ 水辺（　　）　底辺（　　）　辺り（　　）
④ 省略（りゃく）（　　）　省く（　　）　反省（　　）
⑤ 治安（　　）　治す（　　）　治まる（　　）
⑥ 初夏（　　）　初雪（　　）　初めて（　　）
⑦ 粉末（　　）　粉薬（　　）　火の粉（　　）
⑧ 便利（　　）　便乗（　　）　便り（　　）
⑨ 無実（　　）　無事（　　）　無い（　　）
⑩ 連勝（　　）　連れる（　　）　連なる（　　）

4 次の――線の漢字の読み方を書きなさい。（20点・一つ一点）

⑴ 美しい陸橋が見える。（　　）
⑵ きず口を消毒する。（　　）
⑶ ロボットを改良する。（　　）
⑷ 算数で、数の位取りを習う。（　　）
⑸ 冷静に考える。（　　）
⑹ 会場の案内図を見る。（　　）
⑺ 家族四人分の旅費を計算する。（　　）
⑻ 今日は日差しが強い。（　　）
⑼ 包丁でじゃがいもを切る。（　　）
⑽ 成人式が始まる。（　　）
⑾ 式場に祝電がとどく。（　　）
⑿ 冬場のだんぼうは、極力ひかえる。（　　）
⒀ 今日は野球の試合がある。（　　）
⒁ かれは有望な人だ。（　　）
⒂ ピアノの上達が速い。（　　）
⒃ 前から順番（じゅんばん）に着席しなさい。（　　）
⒄ いくさで功名を立てる。（　　）
⒅ 印象に残（のこ）る名場面。（　　）
⒆ 遠くに貯水池が見える。（　　）
⒇ 家族で民宿にとまる。（　　）

発てん **5** 次の熟語（じゅくご）の読み方を（　）に書き、それが音読みならA、訓読（くんよ）みならB、どちらの読みもふくむのはCと（　）に書きなさい。（30点・一問3点）

⑴ 救出（　　）（　　）
⑵ 名札（　　）（　　）
⑶ 散歩（　　）（　　）
⑷ 遠浅（　　）（　　）
⑸ 節目（　　）（　　）
⑹ 両側（　　）（　　）
⑺ 公害（　　）（　　）
⑻ 入浴（　　）（　　）
⑼ 街角（　　）（　　）
⑽ 仲間（　　）（　　）

2 漢字の書き

学習内容とねらい
漢字の書き取りでは、正しい筆順(ひつじゅん)で、ていねいに書くことを心がけます。正しい漢字の使い方ができるよう、例(れい)文(ぶん)ごとまとめて書く練習をするとよいでしょう。

（　月　日）

標準クラス

1 次の言葉を漢字で書きなさい。

① もくひょう（　　）　② ごうれい（　　）　③ まんいん（　　）
④ しゅくじつ（　　）　⑤ しきてん（　　）　⑥ むり（　　）
⑦ ぞくしゅつ（　　）　⑧ しっぱい（　　）　⑨ ちょきん（　　）
⑩ けっせき（　　）　⑪ みんぞく（　　）　⑫ しがいち（　　）

2 次の文には、漢字のまちがいがそれぞれ一字ずつあります。まちがっている漢字を、正しく書き直しなさい。

① わたしは算数が特意だ。　□→□
② 自転車を放地してはいけない。　□→□
③ 選挙で福委員長に選ばれる。　□→□
④ これは真用できる品物です。　□→□
⑤ かれは勇かんな戦史だ。　□→□
⑥ 一日の労動時間を調べる。　□→□
⑦ 知安がいい日本には、旅行客が多い。　□→□
⑧ 強い選手を養正する。　□→□
⑨ 毎日、体重を図る。　□→□
⑩ 必様な物だけを買う。　□→□
⑪ その角を左切したら薬局がある。　□→□
⑫ もう少し冷青になりなさい。　□→□
⑬ それは建全な考え方ではない。　□→□

3 次の□には、それぞれ同じ読みを持つ、ことなる漢字が入ります。その漢字を書きなさい。

① カ
- 朝の読書を日□にする。
- 悪い結□に落ちこむ。

② キョウ
- 男女□学の学校に通う。
- 全員で□力しなさい。

③ ケイ
- 半□三センチの円をかく。
- 俳句（はいく）は定□詩です。

④ セイ
- 原稿（げんこう）用紙に□書する。
- ふるさとに帰□する。

⑤ ソク
- 友達（ともだち）との約□を守る。
- 車の□面にぶつかる。

⑥ カン
- 宿題を□全に仕上げる。
- 父は外交□だ。

4 次の――線のかたかなを、漢字で書きなさい。

① カイテイの生物を調査（ちょうさ）する。（　　）
② 自分でユウハンを作る。（　　）
③ ポスターをインサツする。（　　）
④ キュウキュウシャが通る。（　　）
⑤ 交通がベンリな所。（　　）
⑥ ホタルをカンサツする。（　　）
⑦ ちがいはレキゼンとしている。（　　）
⑧ 兄はリクジョウブに入っている。（　　）
⑨ ソウコの荷物を整理する。（　　）
⑩ 気温のヘンカがはげしい。（　　）
⑪ サクネンはお世話になりました。（　　）
⑫ 古都のシキおりおりの風景（ふうけい）。（　　）
⑬ ソツギョウシキに歌をうたう。（　　）
⑭ 水のハイキュウが行われる。（　　）
⑮ 上級生としてのジカクを持つ。（　　）
⑯ 新しいショウカキを買う。（　　）

ハイクラス

25分 時間　75点 合かく点　点 得点　（　月　日）

1 次の――線のかたかなを、漢字で書きなさい。（20点・一つ2点）

① 合格（ごうかく）をヨロコぶ。（　　）
② 教えをトく。（　　）
③ 高ノゾみをする。（　　）
④ サービスにツトめる。（　　）
⑤ アサいプール。（　　）
⑥ モットも高い山。（　　）
⑦ アタりを見回す。（　　）
⑧ チらかった部屋。（　　）
⑨ 春をツげる鳥。（　　）
⑩ 他の方法（ほうほう）をココロみる。（　　）

2 次の言葉を漢字で書きなさい。（12点・一つ2点）

① くだもの（　　）
② しみず（　　）
③ けしき（　　）
④ はかせ（　　）
⑤ きのう（　　）
⑥ やおや（　　）

3 次の文の□には、同じ漢字が入ります。その漢字を書きなさい。（12点・一つ2点）

① 駅の□札口で待ち合わせる。／□めて言うまでもありませんが。　□
② 今年は、□年になく寒い。／□えば、どんな場合ですか。　□
③ クリスマス会に□加する。／父とおはか□りに行く。　□
④ □明が暗くて見えない。／日□りで、いねが育たない。　□
⑤ 予想が□中した。／□外れな答えを言う。　□
⑥ □金は早く返しなさい。／この本を□りてもいいですか。　□

発てん

4 次の文の□にあてはまるように、上のかたかなを漢字に直して書きなさい。（24点・一つ2点）

① キョウソウ｛百メートル□。／かれが□相手だ。｝

② イガイ｛□な発言。／土日□は開店しています。｝

③ シメイ｛□を書く。／委員長に□される。／□を果たす。｝

④ キコウ｛□文を書く。／体育館の□式。／あたたかい□。｝

⑤ カンシン｛音楽に□を持つ。／□できない行い。｝

5 次の――線のかたかなを、漢字で書きなさい。（32点・一つ2点）

① コウネツが出て学校を休む。（　　）

② カイスイヨクを楽しむ。（　　）

③ ジンシュサベツをなくす。（　　）

④ アンガイかんたんにできる。（　　）

⑤ ぼくの祖父はショダイの校長だった。（　　）

⑥ フシギな気持ちになる。（　　）

⑦ だいこん、にんじんはコンサイルイです。（　　）

⑧ ヒコウキの写真をとる。（　　）

⑨ 長年のネンガンがかなう。（　　）

⑩ 工場チタイの空気を調べる。（　　）

⑪ 水がコタイになったものが氷だ。（　　）

⑫ セツドをもって行動しよう。（　　）

⑬ おほめいただきコウエイです。（　　）

⑭ スイドウカンの工事。（　　）

⑮ みんなで歌をリンショウする。（　　）

⑯ にげた犯人をホウイする。（　　）

3 かなづかい・送りがな

〔　月　日〕

学習内容とねらい

「ず・づ」や「お・う」などの使い分けを正かくにできるようにします。また、漢字の訓読みを、正しい送りがなをつけて書く練習をします。

標準クラス

1 次の文の□に、(1)には「ず」または「づ」を、(2)には「じ」または「ぢ」を書きなさい。

(1)
① 一人□つ順に答えなさい。
② あとかた□けをする。
③ くつ□れができて足がいたい。
④ 友達の話にあい□ちを打つ。

(2)
① □しんで家がたおれる。
② のぼせてはな□を出す。
③ この国はいち□るしい発てんをとげた。
④ 今日のデザートはいち□くです。

2 次の文の□に入るひらがなを選んで、○をつけなさい。

① 祖父にこ□つみを送る。（ず・づ）
② 目標達成までには、ほどと□い。（う・お）
③ 身もち□むほどのおそろしさ。（じ・ぢ）
④ いねむりしていたので□ないかと思った。（は・わ）
⑤ 親子□れに出会った。（ず・づ）
⑥ きみの言うと□りにします。（う・お）
⑦ 「こんにち□。」とあいさつをする。（は・わ）
⑧ これは、やむ□えないことだ。（お・を）
⑨ 「おなかいっぱいだ□。」と言った。（は・わ）
⑩ 昨日から働き□めだ。（ず・づ）

3 次の中で送りがなの正しいものを選び、記号で答えなさい。

① ア 浴びせる　イ 浴せる　ウ 浴る（　　）
② ア 争らそう　イ 争そう　ウ 争う（　　）

③ ア 栄かえる イ 栄える ウ 栄る （　）

④ ア 勇さましい イ 勇ましい ウ 勇しい （　）

⑤ ア 語たらう イ 語らう ウ 語う （　）

⑥ ア 改ためる イ 改める ウ 改る （　）

⑦ ア 軽ろやか イ 軽やか ウ 軽か （　）

⑧ ア 喜ろこぶ イ 喜こぶ ウ 喜ぶ （　）

⑨ ア 深かまる イ 深まる ウ 深る （　）

⑩ ア 冷やかす イ 冷かす ウ 冷す （　）

4 次の――線の送りがなが正しければ○を、まちがっていれば正しく書き直しなさい。

① 短かいたすき。 （　）

② これも加わえてください。 （　）

③ 山に向ってさけぶ。 （　）

④ 教室の後しろのかべ。 （　）

⑤ 悲しみを表情（ひょうじょう）で表す。 （　）

⑥ この辺りで待っていてください。 （　）

⑦ 十二月半かばに会いましょう。 （　）

⑧ 初めて飛行機（ひこうき）に乗る。 （　）

⑨ 幸あわせをかみしめる。 （　）

⑩ 何かに例えて言ってください。 （　）

⑪ もう一度試ろみてみよう。 （　）

⑫ 直ちに帰ってきなさい。 （　）

5 次の――線の部分を、漢字と送りがなで書きなさい。

① ケーキ屋ではたらく。 （　）

② 友人と駅でわかれる。 （　）

③ バケツに水をみたす。 （　）

④ 五人の子どもをやしなう。 （　）

⑤ おこづかいを使いはたす。 （　）

⑥ このプールは、とてもあさい。 （　）

⑦ わかった人から手をあげなさい。 （　）

⑧ 大切な茶わんがかけた。 （　）

⑨ ひくい声で話す。 （　）

⑩ 池のまわりを走る。 （　）

ハイクラス

時間 25分　合かく点 75点　得点　点

（　月　日）

1 次の言葉のかなづかいが正しければ○を、まちがっていればその文字に×をつけて、（　）に正しく書き直しなさい。（14点・一つ1点）

例 みかずき（づ）

① 湯飲みぢゃわん（　）
② わるじえ（　）
③ みそづけ（　）
④ もとずく（　）
⑤ おうやけの場所（　）
⑥ つづける（　）
⑦ めずらしい（　）
⑧ つくづく（　）
⑨ ほおずき（　）
⑩ ちぢれ毛（　）
⑪ きづく（　）
⑫ まぢか（　）
⑬ ちかずく（　）
⑭ つねずね（　）

2 次の文の□にひらがなを一字入れて、意味が通じるようにしなさい。（20点・一つ2点）

① ろうそくのほの□を見てください。
② かた□を飲んで見守った。
③ 何度も読めば、おの□からわかるでしょう。
④ カ□くで言うことを聞かせるのはよくない。
⑤ 今日は一日□ゅう雨がふっていた。
⑥ お酒をさか□きに注ぐ。
⑦ 馬のた□なをしっかりとにぎった。
⑧ 心□くしの料理はすばらしかった。
⑨ 友達（ともだち）が、ちか□か帰国する。
⑩ 王の前でかれはひざま□いた。

3 次の言葉を、漢字と送りがなで書きなさい。（48点・一つ2点）

① のこる（　）
② はぶく（　）
③ もっとも（　）
④ かりる（　）
⑤ つもる（　）
⑥ むすぶ（　）

⑦ もとめる（　　　　）　⑧ ねがう（　　　　）
⑨ うしなう（　　　　）　⑩ すくう（　　　　）
⑪ やぶれる（　　　　）　⑫ となえる（　　　　）
⑬ ちらかる（　　　　）　⑭ つげる（　　　　）
⑮ つとめる（　　　　）　⑯ つめたい（　　　　）
⑰ しずまる（　　　　）　⑱ かたまる（　　　　）
⑲ たたかう（　　　　）　⑳ かこむ（　　　　）
㉑ つらねる（　　　　）　㉒ いわう（　　　　）
㉓ つたえる（　　　　）　㉔ かならず（　　　　）

発てん **4** 次の□にひらがなを一字ずつ入れて、言葉を完成させなさい。（18点・一つ一点）

① ㋐ 手品のたねを明□□。
㋑ 明□□朝、さっそく出かけた。
㋒ 因果関係を明□□にする。

② ㋐ 生□ぎわ。 ㋑ 生□花。
㋒ 生□□故郷。

③ ㋐ ひざを交□□。
㋑ 漢字とかなの交□書き。
㋒ 赤に黄色が交□□。

④ ㋐ 漢字を覚□□。
㋑ 朝早く、目を覚□□。
㋒ 夜中に目が覚□□。

⑤ ㋐ 日がさんさんと照□。
㋑ 暗やみを照□□。
㋒ 先生にほめられて照□□。

⑥ ㋐ いたみが治□□。
㋑ けがが治□。
㋒ けんかを治□□。

4 漢字の組み立て（画数・部首・漢字辞典の使い方）

（　月　日）

学習内容とねらい

漢字の部首、画数、筆順、また、漢字辞典の引き方について学びます。部首は漢字の意味を表すものです。まちがえて覚えることのないようにします。

標準クラス

1 次の漢字の総画数を、漢数字（一、二、三…）で書きなさい。

① 印（　　）画　② 脈（　　）画
③ 費（　　）画　④ 席（　　）画
⑤ 好（　　）画　⑥ 建（　　）画
⑦ 陸（　　）画　⑧ 連（　　）画

2 次の漢字の部首は何ですか。あとから選び、記号で答えなさい。

① 祝（　）　② 刷（　）　③ 札（　）
④ 功（　）　⑤ 順（　）　⑥ 側（　）
⑦ 徒（　）　⑧ 街（　）

ア ちから　イ しめすへん　ウ きへん
エ にんべん　オ りっとう　カ かたな
キ ぎょうにんべん　ク ぎょうがまえ
ケ おおがい　コ ころもへん

3 次の漢字の赤字のところは、何画目に書きますか。算用数字（1、2、3…）で書きなさい。

① 印（　）画目　② 芽（　）画目
③ 械（　）画目　④ 観（　）画目
⑤ 機（　）画目　⑥ 極（　）画目
⑦ 郡（　）画目　⑧ 健（　）画目
⑨ 輪（　）画目

4 次の部首の部首名を書き、その部首をもつ漢字を、四つずつ書きなさい。

① 言（　）□□□□
② 辶（　）□□□□
③ 糸（　）□□□□
④ 宀（　）□□□□

5 次の漢字の筆順で、正しいほうに○をつけなさい。

① 兆
ア（　　）丿 丿 丬 丬 兆 兆
イ（　　）丿 丿 丬 丬 兆 兆

② 臣
ア（　　）丨 厂 厂 戸 戸 臣 臣
イ（　　）一 厂 厂 戸 戸 臣 臣

③ 無
ア（　　）ノ 𠂉 𠂉 無 無 無
イ（　　）ノ 𠂉 𠂉 無 無 無

④ 別
ア（　　）丶 口 口 号 另 別
イ（　　）丶 口 口 ア 另 別

⑤ 飛
ア（　　）乀 飞 飞 飞 飛 飛 飛
イ（　　）乀 飞 飞 飞 飛 飛 飛

⑥ 低
ア（　　）ノ 亻 亻 仁 仾 低 低
イ（　　）ノ 亻 亻 仁 仾 低 低

6 漢字辞典（かんじじてん）の引き方について、次のようにまとめました。[ア]～[ケ]にあてはまる言葉をあとから選び、記号で答えなさい。ただし、同じ記号を何度使ってもよいこととします。

① 部首さくいんは、漢字の[ア]がわかっている場合に使い、[イ]の[ウ]の[エ]ものから順にならべてある。

② 総画さくいんは、漢字の[オ]も[カ]もわからないときに使い、漢字の[キ]を数えて調べる。

③ 音訓さくいんは、漢字の[ク]がわかっている場合に使い、[ケ]順にならべてある。

ア 読み　**イ** 部首　**ウ** 画数　**エ** 総画数
オ 多い　**カ** 少ない　**キ** 五十音

ア（　　）　イ（　　）　ウ（　　）　エ（　　）
オ（　　）　カ（　　）　キ（　　）　ク（　　）
ケ（　　）

ハイクラス

時間 25分　合かく点 75点　得点 　点

（　月　日）

1 次の漢字の赤字のところは、何画目に書きますか。算用数字で書きなさい。（12点・一つ2点）

① 康（　）画目　② 察（　）画目

③ 不（　）画目　④ 成（　）画目

⑤ 民（　）画目　⑥ 必（　）画目

2 次の漢字の部首の画数を、漢数字で書きなさい。（12点・一つ2点）

① 孫（　）画　② 陸（　）画

③ 貨（　）画　④ 建（　）画

⑤ 敗（　）画　⑥ 辺（　）画

3 次の漢字を、あとの総画数（そうかくすう）に分けて書きなさい。（12点・一問3点）

巣	帯	達	置	残
健	満	節	博	極

① 十画（　）　② 十一画（　）

③ 十二画（　）　④ 十三画（　）

4 次の部首に指定の画数をたして、別（べつ）の漢字を作りなさい。ただし、（　）内の音読みになるものとします。（14点・一つ2点）

例 心＋七画（アク）　悪

① 示＋六画（ヒョウ）

② 目＋四画（ショウ）

③ 十＋六画（ソツ）

④ 見＋五画（カク）

⑤ 刂＋五画（リ）

⑥ 力＋五画（ド）

⑦ 土＋八画（ドウ）

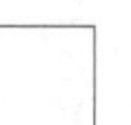

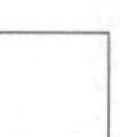

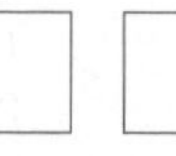

5 次の漢字の音読みをかたかなで（　）に書き、（　）には部首と部首名を書きなさい。（30点・（　）一つ2点、（　）完答3点）

例 仕（シ）（イ・にんべん）

① 底（　）（　・　）

② 管（　）（　・　）

③ 散（　）（　・　）

④ 類（　）（　・　）

⑤ 郡（　）（　・　）

⑥ 熱（　）（　・　）

発てん **6** 次の文章を読んで、あとの問いに答えなさい。

「聞」という漢字を漢字辞典の[①]で調べようと思い、「門」部の[㋐]画を調べたが、のっていなかった。そこで、「[㋑]」部の八画を調べると「聞」がのっていた。

次に、「[㋒]」という漢字の読みが知りたかったので、[②]を使って調べてみようと思い、画数を数えると十五画だったので、十五画の漢字の中をさがすと見つかった。音読みは「[㋓]」、訓読みは「やしな(う)」だった。

また、「隊」という漢字の部首が知りたかったので、[③]を使って調べようと思い、「[㋔]」の読みを調べてみるとのっていた。部首は「[㋕]」だった。

(1) [①]〜[③]にあてはまる言葉を次から選び、記号で答えなさい。（6点・一つ2点）

ア 音訓さくいん　イ 部首さくいん

ウ 総画さくいん

①（　）②（　）③（　）

(2) [㋐]にあてはまる数字を、漢数字で書きなさい。（2点）

（　）

(3) [㋑]と[㋕]にあてはまる部首と、その部首名を答えなさい。（6点・一問3点）

㋑（　・　）㋕（　・　）

(4) [㋒]にあてはまる漢字を答えなさい。（2点）

（　）

(5) [㋓]と[㋔]にあてはまる読みを、かたかなで書きなさい。（4点・一つ2点）

㋓（　）㋔（　）

5 熟語の組み立て

（　月　日）

学習内容とねらい
二字の熟語の組み立てを知り、言葉の意味を正しくとらえられるようにします。また、三字、四字の熟語についても学びます。

標準クラス

1 次の漢字の中から同じような意味の漢字を組み合わせて、二字の熟語を七つ作りなさい。

開　岩　回　体　始　足　画
石　習　身　満　絵　転　学

□□・□□・□□・□□
□□・□□・□□

2 次の□に反対の意味の漢字を一字入れて、二字の熟語を作りなさい。

① 遠□　② 親□　③ 強□
④ 苦□　⑤ □害　⑥ 高□
⑦ 多□　⑧ □後　⑨ 明□

3 次の熟語の組み立てにあてはまる熟語をあとからすべて選び、記号で答えなさい。

① 上の字が下の字を説明しているもの。（　　）
② 下の字から上の字へ「〇〇を(に)～する」の形のもの。（　　）
③ 「〇〇が～する」の形のもの。（　　）
④ 上の字が下の字の意味を打ち消しているもの。（　　）
⑤ 三字以上の熟語を省略しているもの。（　　）

ア 開店　イ 国体　ウ 非常　エ 最大
オ 市立　カ 新人　キ 帰国　ク 国旗
ケ 無理　コ 不安　サ 黒板　シ 乗車
ス 未来　セ 国有　ソ 特急

4 次の三字の熟語は、あとのどの組み立てになりますか。記号で答えなさい。

例 近代化（イ）〈近代＋化〉

① 新製品（　　）　② 音楽会（　　）

③ 年賀状（　　）　④ 衣食住（　　）

⑤ 人工的（　　）　⑥ 雪月花（　　）

⑦ 長期間（　　）　⑧ 愛読書（　　）

ア □＋□□　イ □□＋□

ウ □＋□＋□

5 次の□にあてはまる漢字を、あとから選んで書き入れ、漢字のしりとりを完成させなさい。ただし、同じ読み方をするとはかぎりません。

例 図［工］―［工］作―作［品］―［品］物

① 名□―□内―内□―□面

② 市□―□灯―灯□―□絵

③ 機□―□連―連□―□行

④ 順□―□節―節□―□束

⑤ 無□―□前―前□―□候

⑥ 着□―□順―順□―□置

関	事	街	側	案	位
調	油	続	席	兆	約

6 次の四字の熟語の組み立てをAから、同じ組み立ての熟語をBからすべて選び、それぞれ記号で答えなさい。

① 新一年生（　・　）

② 給食当番（　・　）

③ 春夏秋冬（　・　）

〈A〉ア 四字が対等にならぶもの。
イ 二字の熟語どうしを組み合わせたもの。
ウ 三字と一字、または、一字と三字を組み合わせたもの。

〈B〉㋐ 陸上選手　㋑ 都道府県　㋒ 大運動会
㋓ 生徒会室　㋔ 新聞配達　㋕ 東西南北

ハイクラス

時間 25分　合かく点 75点　得点 　点

（　月　日）

1 次の熟語の組み立てをあとから選び、記号で答えなさい。（24点・一つ2点）

① 投球（　　）　② 未知（　　）　③ 高山（　　）
④ 発熱（　　）　⑤ 救助（　　）　⑥ 無礼（　　）
⑦ 発着（　　）　⑧ 入試（　　）　⑨ 道路（　　）
⑩ 出欠（　　）　⑪ 国立（　　）　⑫ 海底（　　）

ア 同じような意味の字が重なっているもの。
イ 反対の意味の字が重なっているもの。
ウ 上の字が下の字を説明しているもの。
エ 下の字から上の字へ「○○を(に)〜する」の形のもの。
オ 「○○が〜する」の形のもの。
カ 上の字が下の字の意味を打ち消しているもの。
キ 三字以上の熟語を省略しているもの。

2 次の□に漢字一字を入れて、たて・横ともに三字の熟語になるようにしなさい。（10点・一つ2点）

① たて：運□場　横：自□車
② たて：主□的　横：参□日
③ たて：主□医　横：自□体
④ たて：雪□戦　横：待□室
⑤ たて：大□車　横：典□的

3 次の上下の熟語が同じような意味をもつ熟語になるように、□にあてはまる漢字を入れなさい。ただし、上下の□には同じ漢字が入ります。（24点・一つ3点）

① 案□＝意□
② □心＝□労
③ □果＝□末
④ □心＝□意

⑤ 原□＝材□　⑥ 自□＝天□
⑦ □持＝□有　⑧ □候＝□気

4 次の□にあてはまる言葉をあとから選んで、「□□的」の形の三字の熟語を作り、漢字に直して書きなさい。（8点・一つ2点）

① 追加点が入り、勝利は□□的になった。
② 電球は□□的な発明だった。
③ 兄と弟のせいかくは、□□的だ。
④ 図や表を使って、□□的に説明する。

グタイ　ケッテイ
カッキ　タイショウ

5 次の□に―線の漢字と同じような意味、または反対の意味の漢字を入れて、文に合う熟語を完成させなさい。（18点・一つ3点）

① 運動会の入場行□の練習をする。
② 土地を□買する。
③ ぬいだ□服は、きれいにたたんでください。
④ わたしの父は、運□会社につとめている。
⑤ 勝□のゆくえは、まだわからない。
⑥ 幸□な世の中を願う。

発てん **6** 次の□に「非・不・無・未」のどれか一字を入れて、三字の熟語を完成させなさい。（16点・一つ2点）

① この本を三時間で読むのは□可能だ。
② 深夜に電話をかけるのは、□常識です。
③ この仕事はどうも□意味に思われる。
④ □規則な生活は、体調不良になりやすい。
⑤ えい画の□公開えいぞうが放送された。
⑥ そのことは、わたしとはまったく□関係です。
⑦ この中で□成年の人は、手をあげてください。
⑧ □公式の記者会見が行われた。

チャレンジテスト①

25分 時間　75点 合かく点　点 得点　月　日

1 次の漢字の読み方を書きなさい。（20点・一つ2点）

① 付録（　　）　② 発芽（　　）
③ 街灯（　　）　④ 旗手（　　）
⑤ 治安（　　）　⑥ 節目（　　）
⑦ 粉末（　　）　⑧ 表札（　　）
⑨ 借家（　　）　⑩ 両側（　　）

2 次の漢字の読み方を書きなさい。（16点・一つ2点）

① 栄（　　）える　② 争（　　）う
③ 覚（　　）ます　④ 欠（　　）ける
⑤ 告（　　）げる　⑥ 省（　　）く
⑦ 唱（　　）える　⑧ 包（　　）む

3 次の――線のかたかなを、漢字で書きなさい。送りがなが必要（ひつよう）なものは、送りがなも書きなさい。（30点・一つ2点）

① アタリの様子を見る。（　　）
② 新しい方法（ほうほう）をココロミル。（　　）
③ ツメタイお茶を飲む。（　　）
④ 次々に質問（しつもん）をアビセル。（　　）
⑤ 弁当（べんとう）と水とうをジサンする。（　　）
⑥ キカイカの進んだ工場。（　　）
⑦ キショウじょうほうに注意する。（　　）
⑧ シレイカンにしたがう。（　　）
⑨ フクサヨウのある薬。（　　）
⑩ ネットウを一リットル用意する。（　　）
⑪ オクマンチョウジャになる話。（　　）
⑫ ボウエンキョウを買う。（　　）
⑬ ハクブツカンに出かける。（　　）
⑭ ケンコウテキな食生活。（　　）
⑮ 事件（じけん）のカガイシャが見つかる。（　　）

4 次の言葉のかなづかいが正しければ○を、まちがっていればその文字に×をつけて、（　）に正しく書き直しなさい。（6点・一つ1点）

① じめん（　　）
② かんずめ（　　）
③ ちじむ（　　）
④ おおどうり（　　）
⑤ まぢか（　　）
⑥ 一日ぢゅう（　　）

5 次の漢字の赤字のところは、何画目に書きますか。算用数字（1、2、3…）で書きなさい。（12点・一つ2点）

① 械（　　）画目
② 建（　　）画目
③ 兆（　　）画目
④ 飛（　　）画目
⑤ 必（　　）画目
⑥ 極（　　）画目

6 次の部首に指定の画数をたして、別の漢字を作りなさい。ただし、（　）内の音読みになるものとします。（10点・一つ2点）

① ⺮ ＋ 八画（カン）
② 力 ＋ 七画（ユウ）
③ 扌 ＋ 四画（セツ）
④ 孑 ＋ 七画（ソン）
⑤ 氵 ＋ 九画（マン）

7 次の熟語の組み立てにあてはまる熟語をあとからすべて選び、記号で答えなさい。（6点・一つ1点）

① 下の字から上の字へ「○○を（に）～する」の形のもの。（　　）
② 同じような意味の字が重なっているもの。（　　）
③ 反対の意味の字が重なっているもの。（　　）
④ 「○○が～する」の形のもの。（　　）
⑤ 上の字が下の字を説明しているもの。（　　）
⑥ 上の字が下の字の意味を打ち消しているもの。（　　）

ア 明暗　イ 不幸　ウ 町立　エ 海洋
オ 読書　カ 形成　キ 集散　ク 教育
ケ 着席　コ 水面　サ 無害　シ 近道

6 言葉の意味

学習内容とねらい　さまざまな言葉の意味について学びます。熟語やそれを組み立てている漢字の意味について、国語辞典の説明も参考にしながら学習していきましょう。

（　月　日）

標準クラス

1 次の（　）にあてはまる言葉をあとから選び、記号で答えなさい。

① 古いやり方ばかりに（　）のは、よくない。
② 平気を（　）ために、わざと口笛をふいてみせたりしている。
③ 仕事にむだが多いので、もっと合理化を（　）べきだと思う。
④ あみ物をしていると気が（　）と、母は言っている。
⑤ けがをしている足を（　）から、いつものようなプレーができない。

ア はかる　**イ** とらわれる　**ウ** よそおう
エ かばう　**オ** まぎれる

2 次の――線の部分が表している意味をあとから選び、記号で答えなさい。

① ずいぶん大人びたことを言う子どもだ。（　）
② 上品ぶるのもいいかげんにしてくれ。（　）
③ 力ずくで引っぱらないでよ。（　）
④ 弟はしょっちゅうおやつをほしがる。（　）
⑤ 信じがたい事件が起きた。（　）

ア ～だけにたよる。
イ ～のように見える。
ウ ～という気持ちを表に出す。
エ ～のように見せる。
オ ～しにくい、～できない。

3 次の――線の言葉は、漢字は同じですが、それぞれ読み方がちがいます。その読み方を書きなさい。

① ㋐ かれはクラスで人気がある。（　）
　 ㋑ 人気のない道は一人で歩かない。（　）
② ㋐ 交通の便がよくない。（　）
　 ㋑ 次の便で送ります。（　）

③
(ア) このことが知れると大事だ。（　　）
(イ) 努力することが大事だ。（　　）

④
(ア) かれはみんなから一目置かれている。（　　）
(イ) 二人は一目で親子だとわかる。（　　）

⑤
(ア) 強いチームを相手に金星を上げた。（　　）
(イ) 明け方の空に、金星が見えた。（　　）

⑥
(ア) かれは絵が上手だ。（　　）
(イ) 相手が弱いとわかり、上手に出る。（　　）
(ウ) 上手のほうの席にすわる。（　　）

4 「木材」は「材木」のように、漢字を上下ぎゃくにしても熟語として通用します。次の□にあてはまる漢字をあとから選び、同様の熟語を作りなさい。ただし、一つの漢字は一回しか使えません。

① 陸□　② 相□　③ 練□
④ 会□　⑤ 落□　⑥ □動
⑦ 終□　⑧ 配□　⑨ 日□
⑩ 原□

作　手　分　上　下
本　始　野　習　社

5 「とる」を辞典で調べると、例のような意味のほかにも、いろいろな意味がのっていました。下のそれぞれの文での使い方に合う意味をあとから選び、記号で答えなさい。

	〈意味〉	〈使い方〉
例	手に持つ。にぎる。	「おばあさんの手をとる。」
①	（　　）	「雑草をとる。」
②	（　　）	「人の物をとる。」
③	（　　）	「二つのうち大きいほうをとる。」
④	（　　）	「時間をとる。」
⑤	（　　）	「悪意にとる。」
⑥	（　　）	「責任をとる。」

ア 選ぶ。　イ いらないものをのぞく。
ウ 理解する。　エ 引き受ける。
オ ついやす。　カ うばう。ぬすむ。

ハイクラス

時間 25分　合かく点 75点　得点 点　（ 月 日）

1 次の――線の言葉の意味をあとから選び、記号で答えなさい。（15点・一つ3点）

① 議長の役は、ぼくには重荷だ。（　）
② ひたむきに練習する。（　）
③ かれはめずらしい切手を所有している。（　）
④ 友達とたわいない話をする。（　）
⑤ サッカースタジアムには、おびただしい観客が集まった。（　）

ア 持っている。
イ 一つのことに打ちこむ様子。
ウ 能力をこえた仕事や役目。
エ まとまりがない。
オ 非常に多くの。

発てん
2 次の熟語について、それぞれの意味に合う読み方を書きなさい。（24点・一つ3点）

① 色紙
　㋐ 折り紙などに使うさまざまな色にそめた紙。（　）
　㋑ 短歌や俳句などを書く厚紙。（　）

② 分別
　㋐ 物事のいい悪いをはんだんすること。（　）
　㋑ 種類によって分けること。（　）

③ 目下
　㋐ 自分より地位や年れいなどが低いこと。（　）
　㋑ 今のところ。（　）

④ 大家
　㋐ ある分野で、特にすぐれた見識・技能をもっている人。（　）
　㋑ マンションや貸家の持ち主。家主。（　）

3 次の（　）にあてはまる言葉をあとから選び、記号で答えなさい。（18点・一つ3点）

① そんな（　）うそをつくのはよくないよ。
② 赤ちゃんが（　）足取りで歩く。
③ 君の意見はかんちがいも（　）。もう一度話し合おう。
④ 人の心をきずつけるような（　）言葉は、言うべきではない。
⑤ 山のキャンプ場で、（　）朝をむかえる。

⑥ 転んでけがをしたひざのきずが、（　　）。

ア たどたどしい　**イ** とげとげしい

ウ すがすがしい　**エ** いたいたしい

オ しらじらしい　**カ** はなはだしい

4 「道」を辞典で調べると、次のように説明されていました。あとの問いに答えなさい。（27点・一つ3点）

	〈意　味〉		〈使い方〉
①	人や車が通る所		「〈オ〉」
②	（ア）		「道が遠い。」
③	（イ）		「学校へ行く道に公園がある。」
④	正しい生き方		「〈カ〉」
⑤	（ウ）		「学問の道にはげむ。」
⑥	（エ）		「成功への道は努力だけだ。」

(1) （ア）〜（エ）にあてはまる意味を次から選び、記号で答えなさい。

ア やり方　**イ** とちゅう

ウ 方面・専門　**エ** 道のり

ア（　　）イ（　　）ウ（　　）エ（　　）

(2) 〈オ〉・〈カ〉にあてはまる使い方を次から選び、記号で答えなさい。

ア 学校までは、二キロほどの道だ。

イ 道がこむ。

ウ 道に外れた行い。

エ ここまできたら最後までやりとげるほかに道がない。

オ 道にまよう。

オ（　　）カ（　　）

(3) ①・⑤・⑥と同じ意味の熟語を次から選び、記号で答えなさい。

ア 道路　**イ** 方法　**ウ** 道徳　**エ** 分野

①（　　）⑤（　　）⑥（　　）

5 次の——線の言葉の意味を表す熟語をあとから選び、その読み方を書きなさい。（16点・一つ4点）

① 約束をうっかりわすれてしまった。（　　）（　　）

② この建物は、日本建築の特ちょうをよく表している。（　　）（　　）

③ 鉄棒はまったく得意でない。（　　）（　　）

④ 新しいやり方を試すのに、ちょうどよいときだ。（　　）（　　）

典型　器用　苦手　失念　機会　失敗

ことわざ・慣用句・四字熟語

（　月　日）

学習内容とねらい

ことわざ・慣用句・四字熟語について、意味だけではなく、どのような場面で使うのか、その用法についても学習します。

標準クラス

1 次のことわざと反対の意味のことわざをあとから選び、記号で答えなさい。

① 後かい先に立たず（　）
② 立つ鳥あとをにごさず（　）
③ 思い立ったが吉日（　）
④ 好きこそものの上手なれ（　）
⑤ かえるの子はかえる（　）

ア とんびがたかを生む
イ 転ばぬ先のつえ
ウ せいては事をしそんじる
エ 下手の横好き
オ あとは野となれ山となれ

2 次の□に入る漢数字をあとから選び、四字熟語を完成させなさい。ただし、同じ漢数字を何回使ってもかまいません。

① □日□秋
② □差□別
③ □人□色
④ □束□文
⑤ □転□起
⑥ □長□短
⑦ □苦□苦
⑧ □石□鳥

一　二　三　四　七　八　十　千　万

3 次のことわざと同じ意味のことわざをあとから選び、記号で答えなさい。

① 泣きっ面にはち（　）
② のれんにうでおし（　）
③ さるも木から落ちる（　）
④ ぶたにしんじゅ（　）
⑤ ちりも積もれば山となる（　）
⑥ 二兎を追う者は一兎をも得ず（　）

ア　ぬかにくぎ　　イ　千里の道も一歩から
ウ　弱り目にたたり目　　エ　かっぱの川流れ
オ　馬の耳に念仏(ねんぶつ)　　カ　あぶはちとらず

4 次の意味をもつ慣用句(かんようく)をあとから選び、記号で答えなさい。

① 言ってはいけないことをうっかりしゃべってしまう。（　　）
② すらすらとうまく話せる。（　　）
③ 相手のうまい話にだまされる。（　　）
④ 何人かの人が同時に同じことを言う。（　　）
⑤ かくしていたことを話してしまう。（　　）
⑥ 人の話のとちゅうに、わりこんで話す。（　　）
⑦ いちばん先に物事を始める。（　　）
⑧ 相手が何を言おうとおかまいなしに、次から次へと勝手なことを言う。（　　）

ア　口がすべる　　イ　口をわる
ウ　口が回る　　エ　口火を切る
オ　口がへらない　　カ　口車に乗る
キ　口をそろえる　　ク　口をはさむ

---

5 次の□に漢字一字を入れてことわざを完成させ、また、その意味として最(もっと)もふさわしいものをあとから一つずつ選び、記号で答えなさい。

① □の足をふむ（　　）
② 白羽の□が立つ（　　）
③ □の上にも三年（　　）
④ 弘法(こうぼう)にも□のあやまり（　　）
⑤ 人の口には□は立てられぬ（　　）
⑥ まかぬ□は生えぬ（　　）

ア　不運(ふうん)に不運が重なる。
イ　多くの中から特(とく)に選び出される。
ウ　うわさをするのを止めることはできない。
エ　どんな名人であっても、ときには失敗(しっぱい)する。
オ　自分のためになる忠告(ちゅうこく)は聞きづらい。
カ　同類(どうるい)の者がすることはよく分かる。
キ　長い間しんぼうすれば、必(かなら)ずむくわれるときがくる。
ク　どうしようかとためらう。
ケ　何もせずに結果(けっか)を期待してもむだである。
コ　子どもをとても大切に育てる。

ハイクラス

時間 25分　合かく点 75点　得点 点　（　月　日）

1 次の四字熟語のまちがいを、それぞれ一字ずつさがし、例にならって正しく書き直しなさい。（15点・一問3点）

例 一鳥一夕（鳥）→（朝）

① 一部仕終（　）→（　）

② 急転直化（　）→（　）

③ 意味深重（　）→（　）

④ 半真半疑（　）→（　）

⑤ 起死会生（　）→（　）

2 次の文に合うことわざをあとから選び、記号で答えなさい。（21点・一つ3点）

① まだテストを受けてもいないのに、点数がよかったときのごほうびのことを考えるなんてせっかちだよ。（　）

② もっと時間のあるうちに宿題をすませておかないから、今ごろあわてることになるんだ。（　）

③ おばあちゃんはときどきしゃみせんをひいている。まだ子どもだったころに、習ったんだそうだ。（　）

④ 弟とけんかして足がおそいことをからかったら、弟は次の日から毎朝グラウンドを走るようになった。（　）

⑤ みんな一輪車に乗れるようになったばかりだから、だれもまだたいしてうまくない。（　）

⑥ この間、わすれ物が多いと先生にしかられたばかりなのに、今日もまたこりずにわすれ物をするなんて。（　）

⑦ こまっているかれを助けよう。めぐりめぐってまたいつか、ぼくにもいいことが返ってくるだろう。（　）

ア どんぐりのせいくらべ
イ 一寸の虫にも五分のたましい
ウ 身から出たさび
エ なさけは人のためならず
オ すずめ百までおどりわすれず
カ とらぬたぬきの皮算用
キ のどもとすぎれば熱さをわすれる

発てん **3** 次の文の意味が通るように、□に入る体の部分を表す漢字をあとから選び、一字ずつ入れなさい。（28点・一つ4点）

① 家族でハイキングに出かけ、ずいぶん歩いたので、□が棒になった。

② かれは親が有名人であることを、□にかけている。

③ かれの漢字の知識はすばらしく、ぼくたちはまるで□が立たない。

④ ピアノの先生が□をかけてくださったおかげで、短期間にずいぶん上達した。

⑤ 目の前で友達がアイスを食べているのを、わたしは□をくわえて見ていた。

⑥「出した物を元の場所にもどさないから、かたづかないんでしょ。」という母の言葉を聞くと、□がいたい。

⑦ 一年生でもわかる問題をまちがえてしまい、□から火が出た。

顔　鼻　歯　指　耳　目　足

---

4 次の文の（　）にあてはまる四字熟語をあとから選び、記号で答えなさい。（36点・一つ3点）

① クラスメートは、（　）にぼくの失敗をせめた。

② その老人は無人島で、（　）の生活を送っている。

③ 出会ってすぐ、（　）に用事を切り出した。

④ 自然界は（　）の世界だ。

⑤ かれとは（　）の仲だ。

⑥（　）の大ピンチだ。

⑦ 明日からは（　）して、勉強に力を入れてみよう。

⑧ 自分の失敗を人にせいにするとは、（　）だ。

⑨ 会場の出口がわからず、（　）した。

⑩ かれにいくら注意しても、（　）できき目がない。

⑪ この作家は人生の後半に、ようやく世間からみとめられるようになった。まさに（　）だ。

⑫ 今は（　）にこだわっている場合じゃない。

ア 弱肉強食　**イ** 異口同音　**ウ** 自給自足
エ 言語道断　**オ** 絶体絶命　**カ** 単刀直入
キ 心機一転　**ク** 以心伝心　**ケ** 大器晩成
コ 枝葉末節　**サ** 右往左往　**シ** 馬耳東風

8 文の組み立て（主語・述語・修飾語）

学習内容とねらい

主語と述語の関係や修飾語のかかり受けなどを学習します。文中でのそれぞれの言葉の働きをとらえ、文の組み立てを正しく理解できるようにします。

（　月　日）

標準クラス

1 次の文は、ア「何が(は)どうする」、イ「何が(は)どんなだ」、ウ「何が(は)何だ」のどの形ですか。それぞれ記号で答えなさい。

① 富士山は日本でいちばん高い山だ。（　）
② 二月だけが一年の中で特別に短いね。（　）
③ いつか旅行に行ける日が来る。（　）
④ 広い道路が一直線にのびている。（　）
⑤ このゲームのルールはむずかしい。（　）
⑥ 今放送されている番組はとてもおもしろい。（　）
⑦ これは父が書いた手紙だ。（　）
⑧ 平野に一本の木が、すっくと立っていた。（　）
⑨ 今日からぼくは中学生だ。（　）
⑩ 昨夜からはげしい雨がふっている。（　）

2 次の文の主語には——線を、述語には══線を引きなさい。

① おかしを　出すと、　妹が　声を　あげて　喜んだ。
② 今日で　卒業する、　あこがれの　先ぱいが。
③ 会場の　こんらんは、　じょじょに　治まった。
④ 父の　万年筆の　インクが　切れた。
⑤ 友達の　君まで　ぼくを　うたがうのか。
⑥ 国語の　テストで　とても　残念な　結果が　出た。
⑦ おなかに　ある　大腸は　意外と　長い。
⑧ ぽつんと　たっている　街灯の　明かりが　ものさびしい。
⑨ 食堂に　おいてある　やかんには、　熱湯が　入っている。
⑩ 飛行機が　雲の　はるか　上を　飛ぶ。

3 次の□に言葉を入れて、例のように文図を作りなさい。（＝＝は、主語と述語の関係を表します。）

例 父は 会社の 役員だ。

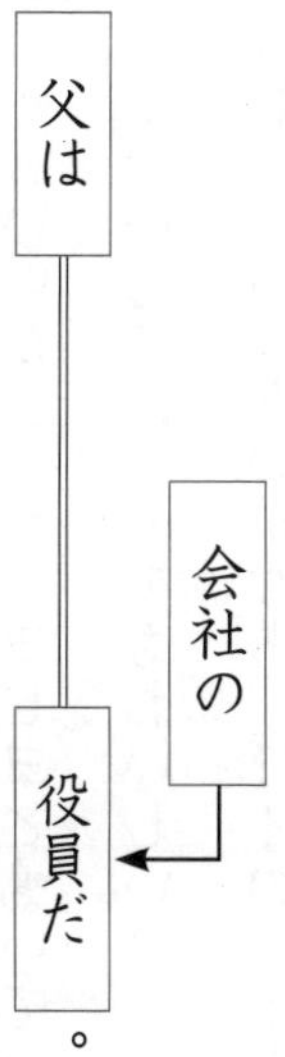

父は ＝＝ 役員だ。
会社の → 役員だ

① 昨日(きのう) 買った チーズは とても おいしい。

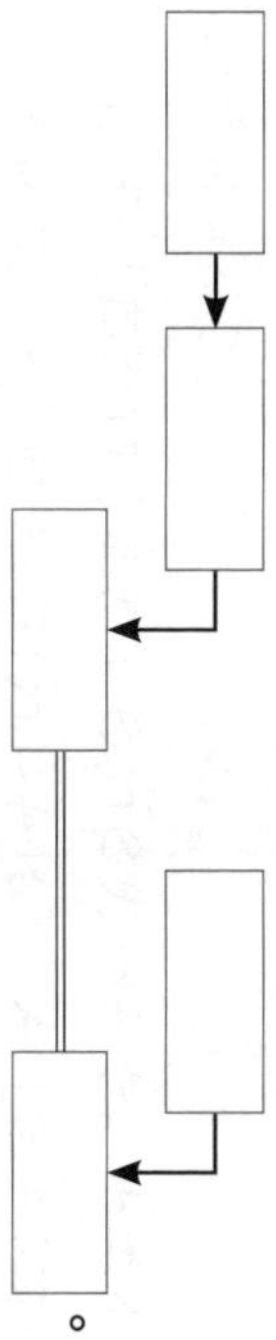

② あそこに 見えるのが、ぼくの 育った 町です。

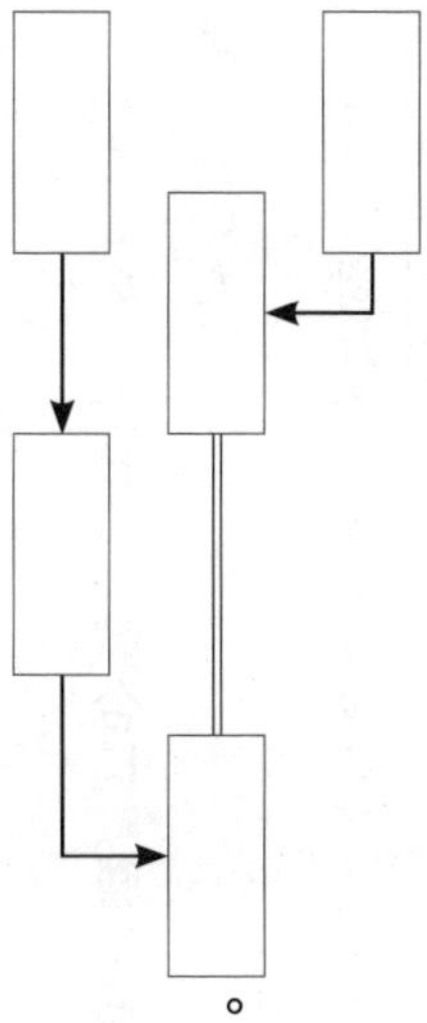

③ 来週の 月曜日、学校で マラソン大会が 行われる。

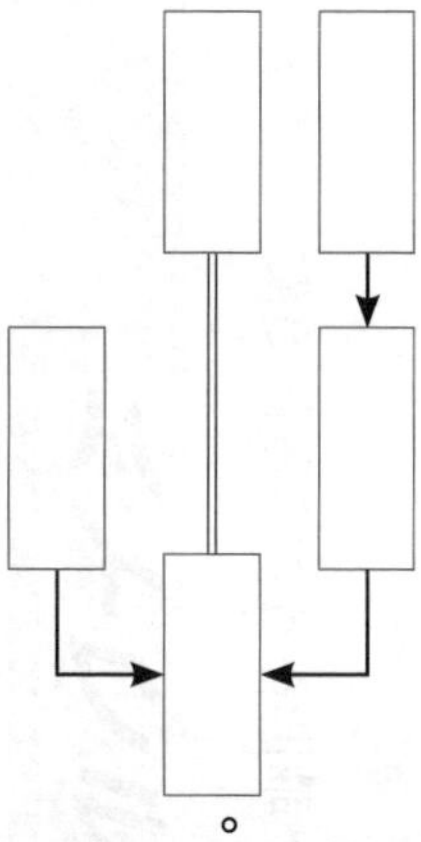

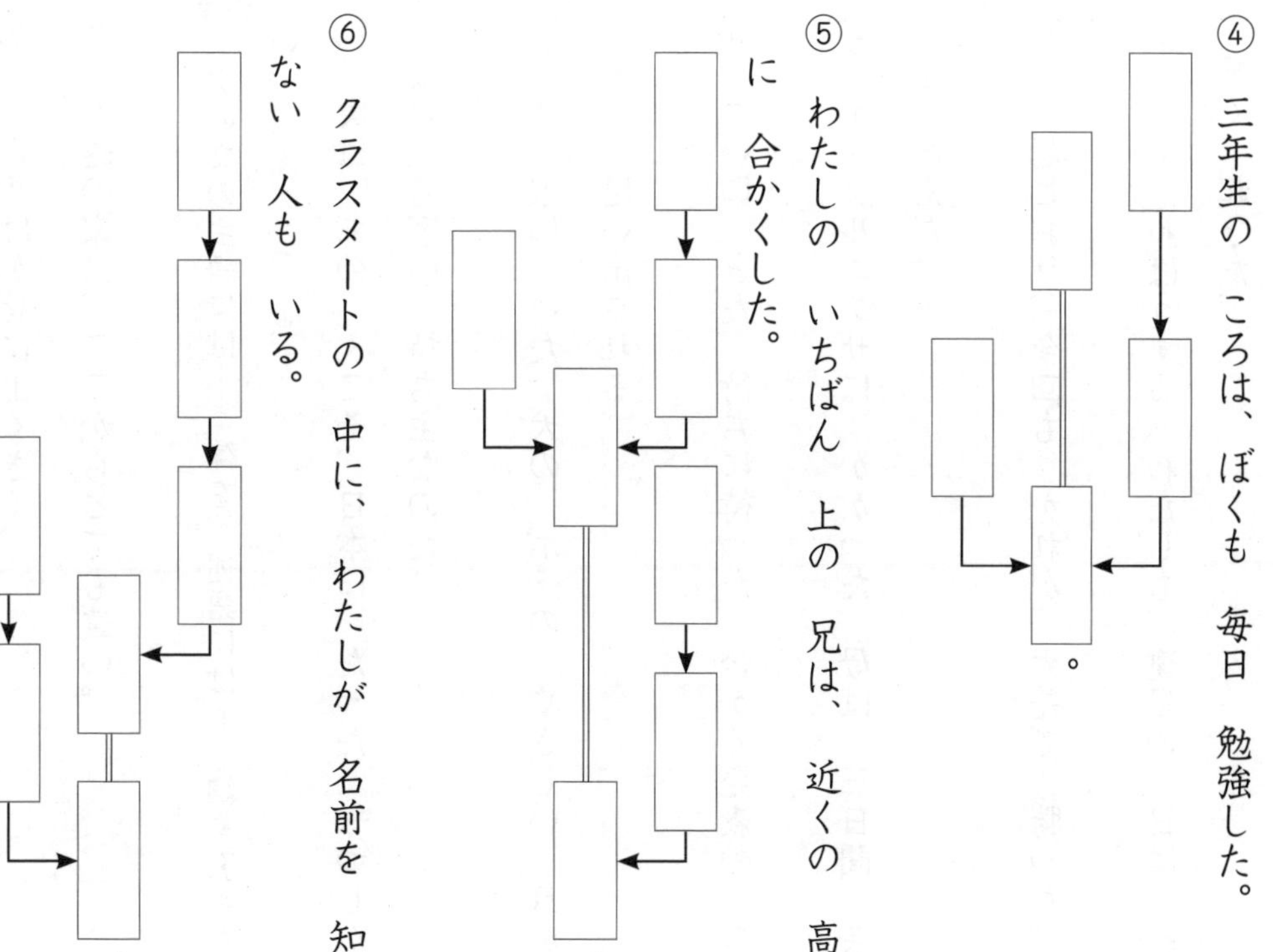

④ 三年生の ころは、ぼくも 毎日 勉強した。

⑤ わたしの いちばん 上の 兄は、近くの 高校に 合かくした。

⑥ クラスメートの 中に、わたしが 名前を 知らない 人も いる。

ハイクラス

（　月　日）

時間	合かく点	得点
25分	75点	点

1 次の――線の述語に対する主語を書きなさい。（12点・一つ4点）

① ちょうは、ぼくが　あみを　近づけると、さっと　身を　かわした。（　　）

② わたしが　今日の　試合に　勝てるか　どうかは、運しだいだ。（　　）

③ 弟が　部屋を　ちらかすので、ちっとも　部屋が　かたづかない。（　　）

2 次の文は、ア「何が(は)どうする」、イ「何が(は)どんなだ」、ウ「何が(は)何だ」のどの形ですか。それぞれ記号で答えなさい。（16点・一つ2点）

① これは何と悲しい知らせだろう。（　　）

② かわいいひよこがピヨピヨと鳴いている。（　　）

③ このいちごは、とてもおいしい。（　　）

④ どこへいったのかなあ、ぼくのノートは。（　　）

⑤ わたしがほしいのは、あの本です。（　　）

⑥ あなたのスカートは、花もようなのね。（　　）

⑦ この薬はかぜによくきく。（　　）

⑧ 友達の家は、ここからとても遠い。（　　）

3 次の文の主語には――線を、述語には＝＝線を引きなさい。（24点・一つ2点）

① 実は　あの　人こそ、日本に　たった　一つしか　ない　名字の　持ち主なのだ。

② 昔　家に　いた　犬の　ポチの　やさしい　目が、今も　思い出される。

③ ついに　きた、待ちに　待った　合かく発表の　日が。

④ インフルエンザに　かかった　母は、三日間　会社を　休んだ。

⑤ 予想どおり、今回も　かれが　大差で　勝った。

⑥ よく　ねぼうする　わたしも、遠足の　日は、朝早く　起きた。

4 次の——線の言葉が修飾している言葉を書きなさい。（24点・一つ3点）

① デパートで　じっくりと　商品を　選ぶ。（　　）

② 空を　見上げると、ひばりの　ひなが　飛んでいった。（　　）

③ ゆっくり　君の　まわりを　見てごらん。（　　）

④ ざつに　字を　書く　くせを、なんとか　改めたい。（　　）

⑤ たたみの　上に　正座した　いとこの　せすじは、しゃんと　のびていた。（　　）

⑥ 君には　インフルエンザの　兆候が　ある。（　　）

⑦ 見学に　行った　国会議事堂の　前で　写真を　とる。（　　）

⑧ 夏は　食中毒が　多く　なるので、食べ物には　気をつけよう。（　　）

5 次の～～線の言葉を修飾している言葉をすべて書きなさい。（24点・一つ3点）

① お皿に、食べきれない　ほどの　料理が　もりつけられた。（　　）

② 一生けんめい　走っても、一番には　なれなかった。（　　）

③ 庭に　出て、そよそよと　ふく　風に　当たる。（　　）

④ ぼくは　道順を　おまわりさんに　たずねた。（　　）

⑤ 雲の　間から、黄色い　お月様が　顔を　出した。（　　）

⑥ もう　夜も　おそいし、消灯して　早く　ねましょう。（　　）

⑦ 来年から　通う　学校へは、バスを　使います。（　　）

⑧ むずかしい　テストで　百点を　とるとは、君は　すばらしい　努力家だね。（　　）

9 言葉の種類（名詞・動詞・形容詞）

〔　月　日〕

学習内容とねらい

文を構成する最小単位の言葉を単語といいます。その中で、名詞・動詞・形容詞について、そのせいしつや働きを学習します。

標準クラス

1 次の言葉の中で、ほかとちがう種類のものを一つ選び、記号で答えなさい。

① ア 書く　イ 歌う　ウ 高い　エ 着る　（　　）
② ア さがす　イ 休む　ウ だます　エ つり　（　　）
③ ア そして　イ 美しい　ウ 少ない　エ 深い　（　　）
④ ア 感じ　イ 旅する　ウ 飛ぶ　エ 積もる　（　　）
⑤ ア むずかしい　イ 争い　ウ 寒い　エ 長い　（　　）
⑥ ア 安い　イ 速さ　ウ 遠い　エ ずるい　（　　）
⑦ ア 野球　イ 水泳　ウ 投げる　エ 練習　（　　）
⑧ ア 飛ぶ　イ 流れる　ウ ますます　エ 返す　（　　）
⑨ ア 道路　イ とんぼ　ウ 会社　エ やさしい　（　　）
⑩ ア ひれ　イ どれ　ウ これ　エ それ　（　　）

2 下の言葉にうまく続くように、□にひらがなを一字書きなさい。

①
遊□う
遊□ない（〜しないの形）
遊□ます
遊□（言い切りの形）
遊□とき
遊□ば
遊□（命令の形）

②
写□う
写□ない（〜しないの形）
写□ます
写□（言い切りの形）
写□とき
写□ば
写□（命令の形）

3 次の言葉の中から動詞をすべて選び、記号で答えなさい。

ア りんご　イ うれしい　ウ 走る
エ 生きる　オ 変える　カ あまさ
キ 悲しい　ク 運転する　ケ 山

（　　）

4 次の文の中の名詞を、すべて書きなさい。

① クラスの本だなには、「ナイチンゲール」という伝記の本があります。
（　　　）

② ぼくの姉の身長は、百五十センチメートルです。
（　　　）

③ 夏休みに、東京のいとこの家へ遊びに行く予定です。
（　　　）

④ ぼくは、このペンを近所のスーパーで買いました。
（　　　）

⑤ 今年も七月七日に、七夕の行事を行います。
（　　　）

⑥ 説明書を見ながら、飛行機のプラモデルを組み立てました。
（　　　）

5 次の動詞を、例にならって「～することができる」という、可能の意味を表す動詞に直しなさい。

例 話す→（話せる）

① 走る→（　　　）　② 読む→（　　　）

③ 泳ぐ→（　　　）　④ 通る→（　　　）

⑤ 書く→（　　　）　⑥ 飲む→（　　　）

6 次の（　）の言葉を、二字のふさわしい形に直して書きなさい。

① 「（行く）□□たくないよ。」と弟は（泣く）□□れて歯医者さんに（行く）□□た。

② 「二人でなかよく（分ける）□□て（食べる）□□てね。」と、母はやさしく（笑う）□□て（言う）□□た。

③ リヤカーを（使う）□□て荷物を（運ぶ）□□う。

④ 山に（登る）□□て、ちょう上から海を（望む）□□だ。

⑤ おばさんが、ぼくにおかしを（買う）□□て（くれる）□□た。

時間 25分　合かく点 75点　得点 点　（ 月 日）

1 次の形容詞を、例にならって名詞に直しなさい。（10点・一つ2点）

例 重い→（重さ（重み））

① 悲しい→（　　）　② 楽しい→（　　）

③ 正しい→（　　）　④ 苦い→（　　）

⑤ おかしい→（　　）

2 次の文から形容詞を一つ見つけ、言いきり（辞典にのっている言葉）の形で書きなさい。（14点・一つ2点）

① 去年産まれた子ねこが大きくなった。（　　）

② 一人でるす番をしていると、さびしくなる。（　　）

③ 成績がよくなるように、もっと努力しなさい。（　　）

④ 新しいパソコンを、ていねいにあつかう。（　　）

⑤ よそ見をしながら自転車をこぐとあぶない。（　　）

⑥ きれいなお姉さんがやさしくほほえんだ。（　　）

⑦ さいふを見ると、ほとんどお金がなかった。（　　）

発てん **3** 次の①～④にあてはまる言葉をあとからすべて選び、記号で答えなさい。（16点・一つ1点）

① 普通名詞（ふつうの物事の名前を表す名詞）（　　）

② 固有名詞（人名・地名・国名・作品名など、特定の物事を表すのに使われる名詞）（　　）

③ 数詞（数・量・順序などを表す名詞）（　　）

④ 代名詞（別の名詞の代わりに、その事がらを指しめして表す名詞）（　　）

ア イギリス　イ 時計　ウ 百円　エ かれ
オ 三十人　カ だれ　キ それ　ク びわ湖
ケ 外国　コ 七月　サ 富士山　シ 父
ス 東大寺　セ 第二位　ソ 妹　タ わたし

4 次の文から動詞を見つけ、すべて言いきりの形で書きなさい。（18点・一問3点）

① 春になると、庭に美しい花がさきます。（　　　）

② 昨日ぼくが食べたカレーは、妹が作ったものです。（　　　）

③ おじいさんは山へしばかりに、おばあさんは川へせんたくに行きました。（　　　）

④ パンダの赤ちゃんが産まれた、というニュースが入りました。（　　　）

⑤ 当番の人は早く学校に来て、教室のそうじをします。（　　　）

⑥ わたしは、空を自由に飛ぶ鳥になりたいです。（　　　）

5 次の言葉の中で、ほかとちがう種類のものを一つ選び、記号で答えなさい。（18点・一つ3点）

① ア 読む　イ 食べる　ウ 冷たい　エ 書く　オ 育てる（　　　）

② ア こすれる　イ かれる　ウ 入れる　エ 流れる　オ 乗れる（　　　）

③ ア 清い　イ 青い　ウ 古い　エ 白さ　オ 遠い（　　　）

④ ア 森林　イ 人形　ウ 京都　エ 春風　オ 公園（　　　）

⑤ ア 寒さ　イ ゆるい　ウ 美しさ　エ 重さ　オ こわさ（　　　）

⑥ ア おいしい　イ くやしい　ウ 丸い　エ ちがい　オ 黄色い（　　　）

6 次の文の〈　〉の言葉を、□の字数のふさわしい形に直して書きなさい。（24点・一つ4点）

① 今度の日曜日に、いっしょに海へ〈行く〉□□う。

② 日がくれる前に〈帰る〉□□ないと、母におこられる。

③ 入場行進曲に合わせて、堂々と〈進む〉□□でいく。

④ 館内放送で〈よぶ〉□□ば、すぐ来るでしょう。

⑤ 先週、姉が産んだ赤ちゃんは、とても〈かわいい〉□□□□□た。

⑥ 食事のあとに教科書を読んでいると、急に〈ねむい〉□□□なってきた。

チャレンジテスト②

時間 25分　合かく点 75点　得点　点

（　月　日）

1 次の漢字が（　）内の意味で用いられている熟語を下から選び、記号で答えなさい。（15点・一つ3点）

① 着（着ること）　ア 着地　イ 着用　ウ 着実　（　　）

② 通（通うこと）　ア 通過　イ 通行　ウ 通学　（　　）

③ 強（無理にさせること）　ア 強風　イ 強要　ウ 強調　（　　）

④ 転（変わること）　ア 転落　イ 回転　ウ 転校　（　　）

⑤ 重（重なること）　ア 重量　イ 二重　ウ 貴重　（　　）

2 次の――線の言葉の意味をあとから選び、記号で答えなさい。（15点・一つ3点）

① 曲がりなりにも、夏休みの工作を完成することができた。

ア やりたくなかったが　イ 期限に間に合って
ウ 十分立派に　エ どうにかこうにか　（　　）

② 毎日勉強を続けていれば、おのずから成績は上がるよ。

ア ひとりでに　イ ぐんぐん
ウ かなり　エ すぐに　（　　）

③ かのじょはやおら立ち上がると、大きな声で返事した。

ア ゆっくりと　イ 急に
ウ びっくりして　エ いやいや　（　　）

④ いつでも堂々としているかれの態度には敬服した。

ア おどろいた　イ ほこらしく思った
ウ 感心した　エ うれしくなった　（　　）

⑤ 今日は無性にのどがかわく。

ア ふしぎと　イ やたらと
ウ たまたま　エ ときどき　（　　）

3 次のそれぞれの言葉の中で、ほかと種類のちがうものを一つ選び、記号で答えなさい。（30点・一つ3点）

① ア 対戦　イ 寒け　ウ 上きげん　エ 暑い　（　　）（　　）

② ア 拾い物　イ 当たる　ウ すてる　エ ふむ　（　　）（　　）

③ ア 高い　イ 食いちがい　ウ 重たい　エ 青い　（　　）（　　）

④ ア 読む　イ 歌う　ウ 望み　エ 走り出す　（　　）（　　）

⑤ ア 船室　イ 山分け　ウ 名曲　エ 記す　（　　）（　　）

⑥ ア 銀行　イ あそこ　ウ くらし　エ 合図（　）
⑦ ア 海底　イ こげ茶　ウ 波打つ　エ 平泳ぎ（　）
⑧ ア 三階　イ スイス　ウ 高知県　エ 田中君（　）
⑨ ア ふた子　イ 寺院　ウ 安い　エ 年上（　）
⑩ ア 幸せ　イ 仕上げ　ウ 山登り　エ やめる（　）

4 次の文の内容に関係の深いことわざ・四字熟語をあとから選び、記号で答えなさい。（15点・一つ3点）

① 一体そこで何があったのか、ぼくはすべてを母に話した。（　）
② パソコンのことなんてちっともわからないから、買ってもらっても使いこなせないよ。（　）
③ けん賞のはがきを一まい出したら、なんと海外旅行が当たった。（　）
④ クラスみんなが一つになってがんばったから、ゆう勝できた。（　）
⑤ かれは飛んできたボールをキャッチしたと思ったら、目にもとまらぬ速さで投げ返した。（　）

ア ぶたにしんじゅ　イ さるも木から落ちる
ウ 七転び八起き　エ えびでたいをつる
オ まかぬ種は生えぬ　カ 一心同体
キ 電光石火　ク 一部始終

5 次の慣用句の意味としてふさわしいものをあとから選び、記号で答えなさい。（10点・一つ2点）

① 雲をつかむ（　）　② 足元を見る（　）
③ 息が合う（　）　④ こしを折る（　）
⑤ 焼け石に水（　）

ア とらえどころがない。
イ たがいの気持ちや調子がぴったり合う。
ウ 人の弱いところにつけこむ。
エ わずかばかりの助けでは、どうにもならないこと。
オ とちゅうでじゃまをする。

6 次の文の主語と述語を書きなさい。（15点・一問3点）

① 大国の　国王が、家来に　命令を　下した。
主語（　）　述語（　）
② ぼくは、うっかり　家の　かぎを　なくしてしまった。
主語（　）　述語（　）
③ 時計の　かねが、たった　今　十二時を　告げた。
主語（　）　述語（　）
④ この　ドアは、となりの　兄の　部屋に　通じている。
主語（　）　述語（　）
⑤ 庭の　チューリップの　花が　美しい。
主語（　）　述語（　）

チャレンジテスト ③

時間 25分　合かく点 75点　得点 点　（ 月 日）

発てん **1** 次の言葉を、普通名詞、固有名詞、数詞、代名詞、動詞、形容詞に分けて、記号で書きなさい。（24点・一つ1点）

ア する　イ 七メートル　ウ 通る　エ アメリカ
オ それ　カ 三本　キ 母　ク 近い　ケ 切る
コ 二千円　サ 運動場　シ 東京タワー　ス 鳥
セ 水星　ソ 秋田県　タ うれしい　チ あなた
ツ 赤い　テ ここ　ト 軽い　ナ 指す
ニ 十人　ヌ 時間　ネ 勉強する

普通名詞（　　　）
固有名詞（　　　）
数詞（　　　）　代名詞（　　　）
動詞（　　　）　形容詞（　　　）

2 次の文の――線の言葉は、どの言葉を修飾していますか。記号で答えなさい。（18点・一つ3点）

① 美しい　ア花が　イたくさん　ウさいている。（　）（　）
② ア白鳥の　イひなは　美しく　ウ成長し、　エやがて　オ飛び立つだろう。（　）（　）
③ ア真っ白な　イぼたん雪が、音もなく　ウふっている。（　）（　）
④ アすばらしい　イ音楽は、ウ人の　心を　エとても　オなごませる。（　）（　）
⑤ 赤い　ア小さな　イ花が、ウ庭の　エかたすみで　オさいている。（　）（　）
⑥ アわたしは　イ次の　ウ日曜日、家族で　エ富士山に　オ登る　カつもりです。（　）（　）

3 次の意味に合うように、あとの漢字を組み合わせてそれぞれの熟語を作りなさい。（12点・一つ3点）

① 心に強く感じてわすれられないこと。
② 過去のことを思い出すこと。
③ 物事の本当の様子や事情。
④ 得することと、そんすること。

象　想　利　相　回　害　印　真

4 次の文の□に入る漢字一字をあとから選び、記号で答えなさい。（18点・一つ3点）

① 大人になるにしたがって、だんだんと父のすむいなかからは□が遠のいていった。（　）

② これから毎日十円ずつ貯金して、いつか目当ての自転車を買おうだなんて、何とも□が長い話だ。（　）

③ 今度、漢字のテストがあるけれど、漢字の苦手なぼくは、今から□がいたいよ。（　）

④ おじいちゃんにもおばあちゃんにもおもちゃを買ってもらおうなんて、□がいい考えだなあ。（　）

⑤ あの子は果物に□がないから、お見まいにはメロンを持っていこう。（　）

⑥ あの二人はいつも口げんかばかりして、まさに水と□だね。（　）

ア 足　**イ** 気　**ウ** 目　**エ** 頭　**オ** 虫
カ 油

5 次の――線の言葉の意味をあとから選び、記号で答えなさい。（28点・一つ4点）

① 今度の家族旅行の計画を、みんなであれこれ思案する。（　）

② その本で語られるのは、かくうの登場人物の話だ。（　）

③ 負けはしたけれど、強いチームを相手にぼくのチームは健とうしたと思う。（　）

④ 今でもあのころの風景が、目に焼き付いている。（　）

⑤ 走ることについて言えば、あの子は才能にめぐまれている。（　）

⑥ そのうわさは、人から人へまたたく間に伝ぱした。（　）

⑦ 目の前を大きな川が流れ、ぼくらの行く手をさえぎっている。（　）

ア 広まった。
イ どうすべきか考えをめぐらす。
ウ じゃまをしている。
エ 十分に持っている。
オ 実際にはない、想像上のこと。
カ よくがんばって、たたかった。
キ 心に強く残っている。

10 説明文①（指示語）

（　月　日）

学習内容とねらい

「指示語」は、文章中で同じ言葉のくり返しをさけるために使われています。どの言葉・内容を省略しているのか、「指示語」の内容を読み取っていきましょう。

標準クラス

1 次の文章を読んで、あとの問いに答えなさい。

①桜の花が満開になるころです。雨が［Ⓐ］と、ふる夜に、ゲンジボタルの幼虫たちが、川のなかからすがたをあらわします。暗やみなので、見ることはできない、とみなさんは思うかもしれませんが、よく見ていると、わかるのです。幼虫も光をはなっているからです。じつをいうと、ホタルは、成虫のときだけでなく、［Ⓑ］のときも、幼虫のときも、そして、さなぎのときも、光をだしているのです。

幼虫たちの上陸は、日が落ちて、暗くなってからはじまります。そのあわい光は、川からでると、まっすぐに川岸を登り、雨でやわらかくなった土のなかにきえていきます。歩く距離は、まちまちですが、一〇メートル以上も長く歩く幼虫もいます。こうして、土にもぐった幼虫は、②ここでさなぎになるのです。

ゲンジボタルもヘイケボタルも、光りながら飛ぶのは、ほとんどがオスです。オスは、草や木の葉にとまっているメスに、光ることで合図をおくります。

オスのホタルをよく見ると、目玉が大きいことに、びっくりします。この大きな目で、暗やみのなかで光る、メスのホタルの、光を見つけるのです。メスの目も、オスとおなじで、たいへん光にびん感にできています。③それは、飛んでいるオスのなかから、自分と光で話そうとしているオスを見つけだすためです。ホタルの光は、オスとメスがであうための合図になっているのです。

ところで、ホタルは、たまごも、幼虫も、さなぎも光をだしています。④これは、食べてもまずいことを、つたえるためだと考えられています。

（大場信義「ホタルの里」）

(1) ——線①「桜の花が満開になるころ」とは、いつごろですか。最もよいものを次から選び、記号で答えなさい。

ア 一～二月ごろ　イ 二～三月ごろ
ウ 三～四月ごろ　エ 五～六月ごろ

（　　）

(2) Ⓐに入る言葉を次から選び、記号で答えなさい。

ア さらさら　イ ふわふわ

ウ しとしと　エ ざぶざぶ

（　　）

(3) Ⓑに入る言葉を本文中からさがし、ぬき出して答えなさい。

（　　）

(4) ――線②「ここ」とは、どこのことですか。本文中から十四字でぬき出して答えなさい。

(5) ――線③「それ」とは、どのようなことですか。次の〔　〕に入る言葉を、指定の字数にしたがって、本文中からそれぞれぬき出して答えなさい。

・〔㋐四字〕も、オスとおなじで、たいへん〔㋑五字〕にできていること。

㋐

㋑

---

(6) ――線④「これ」は、何を指していますか。本文中の言葉を使って答えなさい。

（　　）

(7) 次の文のうち、本文の内容(ないよう)と合うものには○を、合わないものには×を書きなさい。

ア ゲンジボタルの成虫と幼虫は光るが、さなぎのときだけは光らない。（　　）

イ ゲンジボタルの幼虫は、川から上がってきて、土の中でさなぎになる。（　　）

ウ 光りながら飛ぶホタルのほとんどはメスである。（　　）

エ ホタルの光は、オスとメスがであうための合図になっている。（　　）

ハイクラス

1 次の文章を読んで、あとの問いに答えなさい。

魚が鳴くなどというと、みなさんはまさかと思うかもしれません。しかし鳴き声を、いや、鳴き声というより音を発するといったほうが適当かもしれませんが、ある種の音をだす魚はずいぶんたくさんいるのです。

すでにお話ししたように、ゴンズイやギギは毒のあるとげをもっていて、敵におそわれたような場合には、①これを用いて危険からのがれることができるのですが、②これらの魚にしても、できることなら敵におそわれたとき、その毒のあるとげを使う前におどかしてこれを追いはらってしまいたいのはやまやまでしょう。Ⓐこれらの魚は敵が近づくと胸ビレのとげを直角に立てて③ギーギーというかなり大きな音をだします。おそらくこのギーギーという音は、「おれはおそろしい毒のあるとげをもっているぞ」というおどかしの音であるだろうと考えられます。

Ⓑ岩の多い海岸の近くを泳ぎまわっているイシダイや、シマイサギや、ハタンポなどという魚は、身辺に危険がせまったり、あるいはとらえられたりしたときには、うきぶくろの壁を動かすことにより、④グーグーグーという音をだします。いまこれらの魚が群れをつくっているとき、⑤そのなかの一尾が漁師のもりか何かにささればグーグーグーと鳴くと、ほかの魚はいちようにグーグーと鳴いて深いほうへ逃げたりかくれたりしてしまいます。しかも、シマイサギがグーグーと鳴いても、⑥これを聞いたイシダイがすぐ逃げ腰になるというのですから、このグーグーという鳴き声はすくなくとも⑦右の魚に共通した危険信号であるらしく思われます。このほか、魚にはそれぞれいろいろな危険信号があるようです。

（末広恭雄「魚の生活」）

(1) ——線①「これ」は、何を指していますか。本文中から六字でぬき出して答えなさい。（10点）

(2) ——線②「これらの魚」とは、何を指していますか。本文中からぬき出して答えなさい。（10点）

（　　　　）

(3) Ⓐ・Ⓑに入る言葉として最もよいものを次

時間	合かく点	得点
25分	75点	点

（　月　日）

から選び、それぞれ記号で答えなさい。（10点・一つ5点）

ア では　**イ** つまり　**ウ** ですから

エ しかし　**オ** また

Ⓐ（　　）Ⓑ（　　）

(4) ――線③「ギーギーというかなり大きな音」は、どのような役割の音ですか。次の〔　〕に入る言葉を、指定の字数にしたがって、本文中からそれぞれぬき出して答えなさい。（20点・一つ10点）

・敵を〔㋐四字〕うために発する〔㋑四字〕の音。

㋐ □□□□

㋑ □□□□

(5) ――線④「ググーググーという音」は、どのようなはたらきをしていますか。次の〔　〕に入る言葉を、本文中から四字でぬき出して答えなさい。（10点）

・ほかの魚に向けた〔　　〕としてのはたらき。

□□□□

(6) ――線⑤「そのなか」とは、何のなかですか。本文中の言葉を使って答えなさい。（10点）

（　　）

(7) ――線⑥「これ」は、何を指していますか。本文中の言葉を使って答えなさい。（10点）

（　　）

(8) ――線⑦「右の魚」とありますが、これにはふくまれない魚を次からすべて選び、記号で答えなさい。（10点）

ア イシダイ　**イ** ギギ　**ウ** シマイサギ

エ ゴンズイ　**オ** ハタンポ

（　　）

(9) 魚の発する音は、何のようなものだといえますか。最もよいものを次から選び、記号で答えなさい。（10点）

ア 物音　**イ** しぐさ

ウ 合図　**エ** メロディ

（　　）

説明文②（接続語）

学習内容とねらい

「接続語」は、文と文、段落と段落の関係などを表すために使われています。それらの関係を明らかにしながら、適切な「接続語」をあてはめていきましょう。

（　月　日）

標準クラス

1 次の文章を読んで、あとの問いに答えなさい。

　ゴミの処理というのはお金を食うんです。そのうえ、こういうゴミ焼却設備を作ったらなんとかなるだろうと思って新しい焼却炉を作る。①そのときはうまくいったような気がするけれども、一〇年後にはそれがパンクしてしまうんです。それはそうですよね。なぜならば②ゴミが発生するもとを断っていないんですから。公害問題の基本は発生源対策です。ゴミ公害の問題の発生源を断つためには、ものを生産することを規制するしかない。あるいは私たちの消費を自制するしかないんです。「規制」という言葉は嫌だけれども、みんなが自粛*して生きるためには本当は何が必要なのかを考えない限りは、結局ゴミ問題は行き詰まります。

　私たちがいわゆる豊かな暮らしを求め、多くのものを欲する生活を続けている限りは、出口がない。入り口ばかりが大きくなって、出口はどんどん詰まっていくばかりです。もちろんリサイクルをしてゴミの量を減らそうという努力も貴重なんですけれども、基本的に生活そのものを変えていかなくては根本の解決策にはなりません。じゃあどうすればいいのだろうか。そこでまず、③かつてのゴミの出なかった生活と、いまのゴミの出る生活との違いは基本的になんなのかを考えてみたいと思います。

　まずいちばん大きいのは、土から出たものを基本に生きるか、地下から掘り出したものを中心に生きるかの違いになるのではないでしょうか。土から出たものというのは、土に育ったものといっていいのですが、［Ⓐ］生物的なもののことです。食べ物を中心にする、［Ⓑ］木質を中心にするものであれば、それは土にも戻るし、燃やせば灰にもなる。かつての暮らしは、食べ物は体の中を通ってし尿（大便と小便）になる。し尿は肥料として畑に還る。生活の中で出る木くず、紙くずも風呂場などで燃やせば灰になる。［Ⓒ］その灰もまた畑で肥料となって使われる。こうやってすべてが循環[*]していたので、ゴミにはならなかった。つまり、基本的に④循環の生活であれば、ゴミは出ないわけです。

（槌田 劭「地球をこわさない生き方の本」）

＊自粛…自分から進んで、行いや態度をつつしむこと。
＊循環…ひとめぐりして元へもどることを、くり返すこと。

(1) ——線①「そのとき」が指している内容を、本文中の言葉を使って、十五字以内で答えなさい。

(2) ——線②「ゴミが発生するもと」とありますが、筆者は、それは何だと考えていますか。本文中から二十一字でぬき出して答えなさい。

(3) ——線③「かつてのゴミの出なかった生活と、いまのゴミの出る生活との違い」とありますが、それぞれの生活の特ちょうを表した言葉を、「〜生活。」につながるように、指定の字数でぬき出して答えなさい。

㋐ ゴミの出なかった生活（十四字）

生活。

㋑ ゴミの出る生活（十八字）

生活。

(4) Ⓐ〜Ⓒに入る言葉として最もよいものを次から選び、それぞれ記号で答えなさい。

ア しかし　イ つまり
ウ そして　エ あるいは

Ⓐ（　）Ⓑ（　）Ⓒ（　）

(5) ——線④「循環の生活」とありますが、どのような生活ですか。本文中の言葉を使って答えなさい。

（　　）

ハイクラス

1 次の文章を読んで、あとの問いに答えなさい。

カラスは、ゴミ袋の中から、好きな食べ物をどうやって見つけるのでしょうか。考えられるのは食べ物の「におい」と「見た目」の二つです。でも、観察してみると、あまりにおいをかいでいるふうには見えず、ゴミ袋の前に立ってじっと中を見ているように思えるのです。

そこで、においで食べ物を探しているのかどうかを確かめるために、①次のような実験を行いました。用意したのはカラスの大好物、トリのからあげにマヨネーズをかけたものです。マヨネーズをかけたのは、よりにおいを強くするためです。人間がかいでみてもとてもよくにおいますから、もし、においで探していればすぐに気がつくはずです。そして二つの袋を用意して、一方は外から見えるように入れ、もう一方は新聞紙で包んで見えないようにして入れ、袋の口をしばらないでゴミ置き場に置いてみました。［ ⓐ ］で探していれば新聞紙で包んだからあげにも気がついて食べ、［ ⓑ ］で探していれば新聞紙の方は気がつかないはずです。

結果は、何度やっても新聞紙に包んだ方にはまったく気がつかず、見える方だけをつついて食べました。［ Ⓐ ］、カラスはやはりにおいではなく、目によって食べ物を探しているといえるようです。そういえば、多くの鳥たちの目は、カラスに限らずよく発達していますが、＊きゅう覚はそれほどではありません。実際にカラスの脳を解剖した、宇都宮大学の研究で、カラスはにおいを感じる部分がほとんど発達しておらず、きゅう覚は鋭くないことがわかっています。

この、新聞紙で包んで生ゴミを見えなくする方法で、カラスの被害を防いでいるところがあります。［ Ⓑ ］札幌市のある町では、生ゴミは必ず新聞紙で包んでからゴミ袋に入れるルールに変えたところ、カラスのゴミ散らかし被害がなくなりました。カラスの習性をうまく利用したため成功したのです。このように、カラスの習性を知ることが、カラスの被害を防ぐのに一番大切なことです。

わたしは、カラスが「目で食べ物を探している」ということがわかってから、ある重大なことに気がつきました。それは②東京のカラスが急に増えた理由についてです。

東京二十三区のゴミ袋は、一九九三年に、それまで使っていた黒いビニール袋を禁止し、半とう明のものを使うようになりました。これはゴミ分別のルールが守られなかったり、袋の中に危険物が入っていることがあったため、中身が確認できるように半とう明の袋に改めたのです。実は、これがカラスにとって願ってもない出来事となりました。Ⓒそれまで中身が見えないゴミ袋だったのが、半とう明になり袋の中の食べ物が一目で確認できるようになったからです。これでカラスの食べ物探しはずっと楽になりました。この変化によって、とても効率よくたくさんの食べ物が得られるようになり、その結果どんどんカラスの数が増えていった可能性が考えられるのです。

　結局、ゴミ出しのルールを守らない人のために導入した半とう明の袋が、カラスの食べ物探しの習性に有利に働き、カラスの増加に拍車をかけたのではないかと、わたしは考えています。

（柴田佳秀「わたしのカラス研究」）

＊きゅう覚…鼻でにおいを感じる感覚。

(1) ――線①とありますが、どのような実験ですか。次の（　）に入る言葉を、指定の字数にしたがって、本文中からそれぞれぬき出して答えなさい。（25点・一つ5点）

・（㋐ 三字）を強くするために（㋑ 五字）をかけたトリのからあげを用意し、一方は（㋒ 六字）ように袋に入れ、もう一方は（㋓ 三字）で包んで（㋔ 四字）ようにして、袋の口は開けて置いておくという実験。

㋐　㋑　㋒　㋓　㋔

(2) ⓐ・ⓑに入る言葉を、本文中からそれぞれ三字でぬき出して答えなさい。（20点・一つ10点）

ⓐ　ⓑ

(3) Ⓐ～Ⓒに入る言葉として最もよいものを次から選び、それぞれ記号で答えなさい。（30点・一つ10点）

ア なぜなら　イ つまり　ウ たとえば

Ⓐ（　）Ⓑ（　）Ⓒ（　）

(4) ――線②を、筆者はどのように考えていますか。次の（　）に入る言葉を、指定の字数にしたがって、本文中からぬき出して答えなさい。（25点・一つ5点）

・東京で使われていた（㋐ 三字）を（㋑ 二字）ものから（㋒ 四字）のものに変えたことで、中の（㋓ 三字）が一目で確認できるようになり、カラスの（㋔ 五字）はずっと楽になったから。

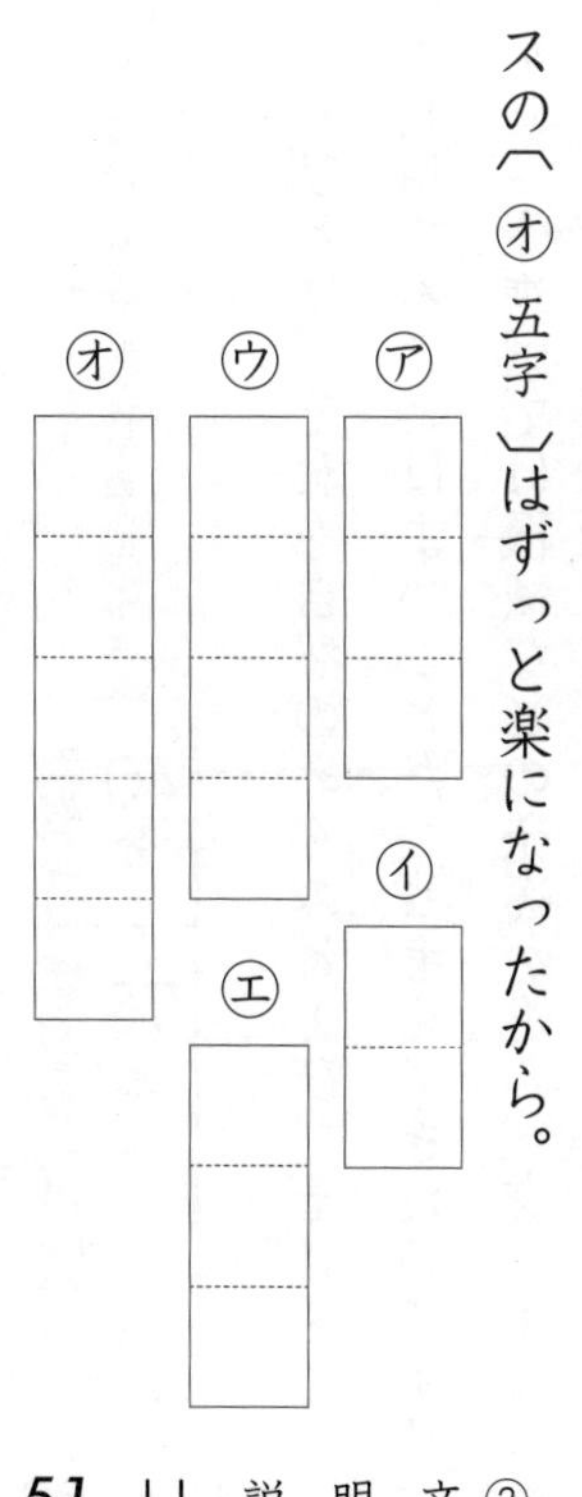

チャレンジテスト④

時間 40分　合かく点 75点　得点 点

（　月　日）

1 次の文章を読んで、あとの問いに答えなさい。

人間の祖先がこの地球上にあらわれたのは、いまから約350万年まえのことです。それ以来、人類は長いあいだ、自然のなかで、ほかの動物たちと同じようにくらしてきました。

[Ⓐ]いまから約1万年ほどまえ（新石器時代のころ）、人間は野生動物のなかから、人間の役に立つ種類を選んで飼いはじめ（家畜）、野生の植物のなかから食べものになるものを選んで栽培しはじめました（作物）。

①このときから、人間と自然のかかわりが大きくかわることになります。

自然のしくみ（これを自然生態系といいます）のなかで、他の生きものと助けあったり、他の生きものときそいあったりすることからはなれ、②人間中心のくらしができるようになったからです。

この結果、地球上の人口はそれまでになくふえ、その人が集まって大きな集団をつくり（都市）、ますます、自然を利用する技術や学問が発達しました。

人びとは飢えや自然の災害におびやかされることが少なくなり、ゆたかで便利な生活ができるようになったのです。人びとは、それを自然のめぐみとよび、それをよりよく利用することはよいことだ、と考えてきたのです。

しかし、先進国では機械などの発達が進み、交通手段が進歩し、商売が国際的になると、自然の利用が加速度的に進みました。

とくに、ここ300年ほどの発展は、すさまじいものがあります。

人びとはたしかにゆたかになり、すべての生活が便利になり、人類は幸福なくらしができるようになったと信じました。

ところが、20世紀に入って、ふと気がついてみると、③地球上の生きものに、大きな変化がおきていたのです。地球上のあらゆるところで環境が破壊され、たくさんの動物や植物が絶滅への道を歩みはじめていたのです。

動物も植物も、利用や破壊があっても、自然に回復する力をもっているのですが、その能力をこえて利用しすぎると、もう回復することができず、そのまま絶滅してしまうのです。

最近の人間の自然利用は、ほとんどがこの自然回復能力をこえています。

ブルドーザーやチェーンソーなど、④利用する道具がいちじるしく発達したことと、商売のうえでの競争が、この動きをさらに強めているからです。

しかし、他の生きものが生きられないような地球の環境のなかでは、人間も生きることはできません。人間もまた、地球上に生まれたⒷのひとつの種類にすぎないからです。

(中川志郎「動物たちがいなくなる」)

(1) Ⓐに入る言葉として最もよいものを次から選び、記号で答えなさい。(6点)
ア つまり　イ ところが
ウ たとえば　エ なぜなら
(　　)

(2) ――線①「このとき」は、いつを指していますか。本文中から十二字でぬき出して答えなさい。(8点)

(3) ――線②「人間中心のくらし」とありますが、その結果、人間はどんな生活ができるようになったのですか。本文中から九字でぬき出して答えなさい。(8点)

(4) ――線③「地球上の……おきていたのです」とありますが、このような「大きな変化」がどうしておきたのですか。その直接的な理由として、最もよいものを次から選び、記号で答えなさい。(10点)
ア 地球上の人口が増加し、自然環境を破壊して、大きな都市がつくられたから。
イ 人びとが自然のめぐみを受け、自然をよりよく利用することはよいことだと考えてきたから。
ウ 自然を利用する技術や学問が発達し、幸福なくらしができるようになったから。
エ 人間の自然利用のほとんどが、動植物の自然回復能力をこえるまでになったから。
(　　)

(5) ――線④「利用する……商売のうえでの競争」は、何を強めることになりましたか。その答えにあたる一文を本文中からさがし、初めの五字を答えなさい。(10点)

(6) Ⓑに入る言葉を、本文中から二字でぬき出して答えなさい。(8点)

2 次の文章を読んで、あとの問いに答えなさい。

歯がぬけるのは、大きくなったあごのほねにあうような、新しいおとなの歯と入れかわるためです。

ぬけてしまう子どもの時の歯は、上下あわせて20本です。

新しくはえてくるおとなの歯は、全部で32本ですから、12本多くはえてくることになります。

多くはえてくるおとなの歯は、全部おく歯で、あごのほねが大きくなるにつれて、じゅんじゅんにはえてきます。

前歯がぬけて、新しい歯とはえかわる前に、じつはおとなのおく歯が、そっとはえてきます。

このおく歯のことを、とくに「6才きゅうし」とよんでいます。6才ごろはえるので、こうよぶのです。

6才きゅうしは、はじめてはえるおとなの歯ですが、またいちばん力もちの歯でもあります。

［Ⓐ］、この力もちの6才きゅうしが、歯のなかでもっともむし歯になりやすいのです。

みなさんがすきな、おかしやジュースには、さとうがたくさん入っていて、歯にべとべとくっつきます。

［Ⓑ］、スナックがしも歯にねちねちくっつきます。スナックがしのかすは、口の中でへんしんして、さとうのなかまになってしまいます。

［Ⓒ］、みなさんがあまいものやスナックがしを、あとからあとから食べると、口の中のむし歯きんは、大よろこびして、せっせとむし歯をつくりはじめます。

歯にさとうや食べかすがくっつくと、口の中に住んでいるむし歯きんが、元気になってきます。［Ⓓ］、さとうや食べかすと力をあわせて、「酸(さん)」をつくりだし、歯にあなをあけて、むし歯をつくるのです。

いちどむし歯になった歯は、歯医者さんへ行かないと、ぜったいになおりません。

たとえ、いたみがとまっても、むし歯のあなはなくならないだけでなく、どんどんおくへ広がっていきます。

だから、むし歯ができたら、すぐ歯医者さんへ行きましょう。小さいむし歯なら、あまりいたくなくて、きちんとなおせます。

①むし歯きんにむし歯をつくらせないためには、歯についたさとうや食べかすを、全部とってしまえばいいのです。でも、いいかげんに歯ブラシでごしごしみがいても、よごれはとれません。正しいみがきかたで、ひとつひとつの歯をていねいにみがいて、さとうや食べかすをとらなくてはだめです。

5才から12才にかけては、歯がぬけたり、新しいおとなの歯がはえてきたりする時期です。

新しくはえてくるおとなの歯は、大きくてじょうぶそうですが、歯の根はまだのびかけで、あごのほねまでとどいていません。根の先は、丸く開いていて、そこからえいようをとり入れて、②育っているのです。

歯の根がしっかりあごのほねにくっついて、一人前の歯になるまでには、歯がはえてから、3年か、4年もかかります。

このように歯が育っているときは、③むし歯になりにくいじょうぶな歯をつくるチャンスです。

それには、へん食*をしないで、なんでも食べることと、さとうを食べすぎないことが大切です。

一生使えるじょうぶな歯を育てましょう。強くかしこい体ができますよ。

（今西孝博（いまにしたかひろ）「虫歯くんには負けないよ」〈偕成社〉）

*へん食…食べ物の好ききらいをすること。

(1) Ⓐ～Ⓓに入る言葉として最も（もっと）よいものを次から選び（えら）、それぞれ記号で答えなさい。ただし、同じものはくり返し使えません。（12点・一つ3点）

ア だから　イ ところが
ウ また　エ そして

Ⓐ（　）Ⓑ（　）Ⓒ（　）Ⓓ（　）

(2) ――線①「むし歯きんにむし歯をつくらせない」ためには、食べたあとにどうすればいいのですか。それが最もよくわかる一文を本文中からさがし、初め（はじ）の五字を答えなさい。（10点）

(3) ――線②「育っている」とは、どのようなじょうたいのことですか。次の（　）に入る言葉を、指定の字数にしたがって、本文中からそれぞれぬき出して答えなさい。（12点・一つ4点）

・（ ㋐ 三字 ）の歯になるために、歯の（ ㋑ 三字 ）が丸く開いていて、（ ㋒ 四字 ）をとり入れようとしているじょうたい。

㋐　㋑　㋒

発てん
(4) ――線③「むし歯になりにくいじょうぶな歯」をつくるには、どんなことをすればいいのですか。本文中の言葉を使って、三十字以内（いない）で答えなさい。（16点）

物語文①（人物）

（　月　日）

学習内容とねらい

登場人物の行動やせりふから、その人物の考え方や性格を読み取ります。また、行動の理由もあわせて読み取っていきましょう。

標準クラス

1 次の文章を読んで、あとの問いに答えなさい。

正太郎はその親ギツネたちが、いつか見たときよりも、①毛のつやがなくなり、すっかりやせおとろえてしまっているのに気がつきました。気のどくに、くさりにつながれた子ギツネを思う心配と食べ物の不自由さのために、親ギツネはやせてしまったのです。

山にいるときとちがって、ここではえさがとりにくいのです。そして［Ⓐ］とれたえさは子ギツネにやって、じぶんたちは、ときたま一ぴきのネズミをわけあって、食べるぐらいなのでありましょう。

正太郎は、この親ギツネの愛情にうたれて、くさりをといてやろうと思いました。が、親ギツネが、②えらいことをやりはじめたので、かれは子ギツネをはなしてやることをやめました。

それは、くさりはとうていかれらの力では、かみきることができないとさとると、親ギツネは、こんどは巣箱の中のくさりをむすびつけてある丸太をかみきろうとしはじめたのでした。親ギツネたちは、おりさえあれば、床下からはいだしてきて、するどい歯でガリガリと丸太をかじりました。正太郎は、自分がくさりをとくよりも、親ギツネたちにあの丸太をかみきらして、かれらの手で子ギツネをすくいださせてやったほうがいいと考えたのでした。

③そのかわり、かれは、はらをへらしている親ギツネに、［Ⓑ］食べ物をはこんでいってやることにしました。肉のフライや、あぶらあげがでると、正太郎は一口も食べずにのこしておいて、床下に投げこんでやりました。牛乳をとってくれと母にせがんで、自分では飲まず、床下のどんぶりのこわれたのに、毎日あけてやります。

こんなことが、一ヶ月もつづくと、ふしぎに親ギツネは正太郎になれてきました。しかし、正太郎になれたといっても、親ギツネたちは、子ギツネをすくいだすことはわすれませんでした。毎日丸太をかじって、いまではだいぶほそくなりました。

丸太はあとわずかでかみきれるでしょう。これをかみきって、自分たちの力で、子ギツネをかんぜんにすくいだしたときの、親ギツネのよろこびはどんなでありましょう。正太郎はそれを考えると、④なみだがにじんでくるのでした。
（椋鳩十「金色のあしあと」）

(1) ――線①「毛のつやが……おとろえてしまっている」とありますが、親ギツネがこのようになってしまった理由を本文中から三十字でさがし、初めと終わりの五字を答えなさい。

□□□□□ ～ □□□□□

(2) Ⓐ・Ⓑに入る言葉として最もよいものを次から選び、それぞれ記号で答えなさい。

ア そっと　イ どうどうと
ウ たくさん　エ たまに

Ⓐ（　）Ⓑ（　）

(3) ――線②「えらいこと」とは、どのようなことですか。本文中の言葉を使って説明しなさい。

（　　）

(4) ――線③「そのかわり」とありますが、「その」とは、だれが何をしないことですか。本文中の言葉を使って答えなさい。

（　　）

(5) ――線④「なみだがにじんでくる」とありますが、その理由を次のようにまとめるとき、（㋐）に入る言葉を本文中から四十字以内でさがし、初めと終わりの五字を答えなさい。また、（㋑）に入る言葉として最もよいものをあとから選び、記号で答えなさい。

・（㋐）を想像し、（㋑）から。

㋐ □□□□□ ～ □□□□□

㋑ ア むねを打たれた　イ むねがふさがった
ウ むねがつぶれた　エ むねがさわいだ

（　）

(6) この文章から、正太郎はどのような性格だと考えられますか。あてはまらないものを次から一つ選び、記号で答えなさい。

ア やさしい　イ 思いやりがある
ウ せっかち　エ なみだもろい

（　）

(7) この文章で、作者が最も強くえがこうとしているのは、どんなことですか。最もよいものを次から選び、記号で答えなさい。

ア 子ギツネのけなげさ　イ 親ギツネの深い愛情
ウ 自然界のきびしさ　エ 人間たちのむごたらしさ

（　）

ハイクラス

時間 25分　合かく点 75点　得点　点　（　月　日）

1 次の文章を読んで、あとの問いに答えなさい。

七月。朝寝坊をした日曜日、パジャマのまま台所に行くと、おふくろは庭にでていた。よく晴れた、しずかな午後だった。びわの木の下に立って、おふくろはさむらいのかっこうをした男と話をしている。紺の着物に刀をきちんとぶらさげて、ちょんまげもりりしいさむらいだった。おおかた、風がわりな役者仲間だろうとは思ったが、それにしてはさむらい姿が板*につきすぎている。

①これが草之丞だった。

おふくろは日傘をくるくるまわして、まるで女学生のようにほおをそめている。サンダルをつっかけて、ぼくも庭に出た。

「おはよう、母さん。お客様なの」

②おふくろはびくっとして、しばらくぼくの顔をみつめていたが、やがてにっこりと微笑んだ。

「草之丞さんといってね、お父様ですよ、あなたの」

ぼくは、ぼくの心臓がこんなにじょうぶでよかったと思う。

おふくろの話はこうだった。草之丞は正真正銘*のさむらいで、また正真正銘のゆうれいで、おふくろに一目ぼれをした。おふくろがまだ新米女優だったころ、舞台で時代劇の端役*をやった。セリフはたった一言だったけれど、あの世で見物していた草之丞は、そのたった一言のセリフ、「おいたわしゅうございます」にすっかりまいってしまい、やもたてもたまらず*、下界にやってきたのだ。二人はめでたく恋におち、ぼくが生まれたというわけだった。

「それからの十三年間、草之丞さんはいつだって私をたすけてくださったのよ」

「たすけるって、どうやって」

「いろんな相談にのってくださるし、眠れない夜には子守唄もうたってくださるし、お金にこまったら、お金も貸してくださるわ」

「ゆうれいが、金を」

「ええ。大切な刀やお皿を売ってね」

「③……」

「だから私も、五月には供養*をかかさないの」

おふくろの説明によれば、元和*八年五月七日、草之丞が壮絶なる一騎打ちの末にあの世へいった野っ原が、現在のあの、八百屋だったらしい。つまりおふくろはあの日、五月七日の命日に、草之丞の好物をかかえて、いそいそと墓参りに行ったのである。ぼくは絶句してしまった。

（江國香織「草之丞の話」）

＊板につく…服装や態度などが、その人にしっくりと合う。
＊正真正銘…まちがいなく本物であること。本当。
＊端役…映画や劇などで、主要ではない役。
＊やもたてもたまらず…気持ちがおさえきれず、じっとしていられない様子。
＊供養…死んだ人に物を供えたりお経をとなえたりして、そのたましいをなぐさめること。
＊元和…時代の名前。江戸時代の前期の年号。
＊命日…亡くなった人の死んだ日にあたる、毎月または毎年のその日。
＊絶句…話の途中で言葉につまること。

(1) ——線①「これが草之丞だった」とありますが、「草之丞」について説明した次の文の〈　〉に入る言葉を、指定の字数にしたがって、本文中からそれぞれぬき出して答えなさい。㋑・㋒は、本文中に出てきた順に答えなさい。（30点・一つ10点）

・ぼくの〈㋐一字〉であり、正真正銘の〈㋑四字〉で、また正真正銘の〈㋒四字〉である。

㋐
㋑
㋒

発てん
(2) ——線②「おふくろはびくっとして」とありますが、なぜ「びくっと」したのですか。自分で考えて、四十五字以内で答えなさい。（30点）

(3) ——線③「……」にこめられた「ぼく」の気持ちとして最もよいものを次から選び、記号で答えなさい。（20点）

ア 母親の話が理解できずに、いらいらする気持ち。
イ 母親があまりにも幼稚なうそをつくので、あきれはてる気持ち。
ウ 次々と信じられないような話が出てくるので、ぼう然とする気持ち。
エ 今まで知らなかった事実を知らされて、混乱しつつも母親に感謝する気持ち。

（　　）

(4) 「ぼく」の年れいは、何才くらいだと考えられますか。漢数字で答えなさい。（20点）

（　　）才くらい

13 物語文②（場面・出来事）

学習内容とねらい

「いつ・どこで・だれが・何を・どのように・どうしたのか」に注意しながら、場面や出来事、人物の気持ちを読み取っていきましょう。

〔　月　日〕

標準クラス

1 次の文章を読んで、あとの問いに答えなさい。

お母さんに連れられて、初めて①そこへ行ったのは、圭太がまだ一年生になったばかりの頃でした。

長い塀がつづく大きなお屋敷の木戸をくぐると、庭のすみっこに、みどり色のバスが、でんと停まって圭太を待っていました。

「バスだ。」

圭太は、びっくりしました。お母さんは、「本のいっぱいある図書館へ、連れていってあげる」と圭太に言っただけなのです。バスのことなんて、ひとつも聞いていませんでした。

②うふふふと、お母さんは笑いました。

「これが、本のいっぱいある図書館よ。気に入った？」

圭太は、ぶんぶんと首を上下に振ってこたえました。もう、どきどきしてしまって、声が出ないくらいだったのです。

バスなら、大通りへ行けば、いつだって見ることができます。乗ったことだってあります。

でも、そのみどり色のバスは別でした。道路を走っているわけではないのです。

庭の木陰で、ひなたぼっこでもするみたいに、圭太を待っているのです。

そんなバスを見たのは、初めてのことでした。

バスの窓に、圭太と同じくらいか、少し大きい子どもたちが、動いているのが見えます。

③圭太は、お母さんの手をふりほどくと、バスに向かって駆けだしました。

バスの中は、本でいっぱいでした。

普通のバスと違って、座席のかわりに、低い本棚がぐるりと車内を囲んでいます。廃車になったバスには、ちゃんと電気がひいてあって、まるで家のようになっています。

折りたたみ椅子にすわって、本を読んでいる子がいました。

バスの外で読んでいる子もいました。

寝転がって読んでいる子もいました。歩きながら読んでいる子も、本を読まずに、ぐうすか寝ている子もいました。

野良猫もいました。野良猫と遊んでいる子もいました。そうして、運転手の帽子をかぶった白いひげのおじいさんが、ハンドルにもたれて、分厚い本を読んでいました。

大人は、その人だけでした。

おじいさんは、帽子をちょこっと上げて、圭太にあいさつをしました。

圭太は、ぴょこりと頭を下げてあいさつしました。

④始まりのあいさつは、それだけでした。

圭太は、その日から、バスの図書館へ行くようになったのです。

（大島真寿美「ぼくらのバス」〈ポプラ社〉）

(1) ——線①「そこ」は、何を指していますか。本文中から、六字でぬき出して答えなさい。

(2) ——線②「うふふふと、お母さんは笑いました」とありますが、お母さんはだれのどんな様子を見て笑ったのですか。

（　　　　）

(3) ——線②のように笑ったお母さんは、ちょっとしたいたずらをしています。それはどんなことですか。本文中の内容から考えて、次の形で答えなさい。

・圭太に（　　　　）を説明せずに、（　　　　）とだけ言ったこと。

(4) ——線③「圭太は、お母さんの手をふりほどくと、バスに向かって駆けだしました」とありますが、圭太がこのようにした理由として最もよいものを次から選び、記号で答えなさい。

ア 自分をだましたお母さんに腹が立ち、いっしょにいたくなかったから。

イ 早くバスの近くに行きたいという気持ちをおさえられなくなったから。

ウ ほかの子どもに読みたい本をとられてしまうのではないかとあせったから。

（　　）

(5) ——線④「始まりのあいさつは、それだけでした」の「それ」が指している内容を答えなさい。

（　　　　）

ハイクラス

時間 25分　合かく点 75点　得点 点　（ 月 日）

1 次の文章を読んで、あとの問いに答えなさい。

〈小学五年生のサキは、父さんと兄の三人で、峠をこえたところにある、死んだ母さんのいなかへ向かっています。〉

そこは、①サキが想像していた峠とは、ちょっと感じがちがっていた。サキは、峠が、母さんのいなかから来る山道と、今日三人が登ってきた山道とぶつかり合うところと聞いて、なにか境界のような線のような、はばのせまいところを想像していた。

ところが、ここはクマザサや草におおわれた、一面緑のだだっ広い野原だった。腰くらいの背たけのあるクマザサの間に、背たけの低いクローバーなどのはえた草地が、ところどころに、ぽっかりと顔をのぞかせている。

しかも、峠までの道のりも、考えていた以上にきびしかった。山登りとちがって、峠までは、もっとらくらくと、三人でなごやかに話でもしながら歩いていれば、着いてしまうくらいに思っていた。

ところが、話をするどころではなかった。息をするのが、やっとのありさまだった。

けれど、想像していた通り、空は広かった。サキは頭上をふりあおいだ。空が、すぐ近くに見えた。ここは、やっぱり、母さんが話してくれた峠なんだ、と思った。

でも、せっかく空に近くなったというのに、あいにくの空もようだった。灰色の雲は、もう頭上近くまでせまっていて、峠ごとすっぽりおおいつくしそうだ。

それから、サキは四方八方に目をやって、だだっ広い峠の果てに細い道がついているのに気がついた。道は、山の斜面を登っていき、その上の山といっしょに、雲に入って見えなくなっている。

「あの道、どこに行くの？」

サキは思わず、父さんに聞いた。

サキは、②ぷつんととぎれている道を見て、また母さんの話を思い出していた。

「母さん、子どものころ、ずっと信じてた。あの時から、星に向かって道がついてるんだって。死んだ人は、その道を通って、星になるんだって……。」

道は、少し登って、雲の中に消えたあと、そのままずっと空まで、登っていきそうに見えた。

「あの道か。あれは、山に登って行くんだよ。」

父さんは、指さして答えた。

「ふーん。高い山？」

「それほどじゃないよ。今日、晴れたら、ちょっととがった山のてっぺんが、よく見えるはずなんだけどな。」

「そうか。ここより、もっと高い所があるんだ。」

サキは、峠よりも高い場所があると知って、ちょっとがっかりした。

「ねぇ、その山、わたしたちにも登れる?」

「登れるさ。二時間半もあれば、登って帰ってこられるだろう。でも、その日のうちに、おばあちゃんの家に着かなくちゃならないから、もし登るつもりなら、朝早く出ないとなんないな。」

サキは、父さんからそう聞かされても、まだその道が、空まで続いていくような気がしてしかたなかった。

(三輪裕子「峠をこえたふたりの夏」)

(1) ――線①「サキが想像していた峠」とありますが、それは、どんなところでしたか。本文中から二十四字でぬき出して答えなさい。(30点)

(2) ――線②「ぷつんととぎれている道を見て、また母さんの話を思い出していた」について、次の問いに答えなさい。

① 「ぷつんととぎれている」とは、道がどうなっている様子を表していますか。本文中の言葉を使って答えなさい。(30点)

(　　　　　)

② サキは、なぜ、「母さんの話を思い出し」たのですか。最もよいものを次から選び、記号で答えなさい。(20点)

ア ぷつんととぎれた様子から、母さんにはもう二度と会えないということを改めて感じたから。

イ 道の様子が、母さんが話していた星に向かう道の印象にぴったりだったから。

ウ ぷつんととぎれた様子から、母さんが子どものころ信じていた話はうそではないかと思ったから。

(　　)

(3) この文章で中心になっているのは何ですか。最もよいものを次から選び、記号で答えなさい。(20点)

ア 母さんに対するサキの思い。

イ 峠を登りきったサキのがんばり。

ウ 母さんの子どものころの思い出。

(　　)

チャレンジテスト⑤

時間	合かく点	得点
40分	75点	点

（　月　日）

1 次の文章を読んで、あとの問いに答えなさい。

〈重い病気で入院しているヤンチャは「ぼく」の友達です。タイムマシンで未来に行くことができれば、ヤンチャを助けられるのではないかと考えた「ぼく」は、それをノリオとハム太に話しました。〉

あの土手の道でタイムマシンのことを話した時、ぼくは…心の底から真剣だったのだ。①そんなものがこの世に存在しないということくらい、もちろんわかってはいたけれど、それでもなお、どこかにあってくれたらと祈らずにいられなかった。その気持ちだけはきっと、ノリオもハム太も同じだと思っていた。なのに②……。

その日一日じゅう、ぼくは二人と口をきいてやらなかった。

放課後、それでも③なんとなく連れだって病院へ行くと、ヤンチャはぼくらを見るなり言った。

「どうしたんだよ、お前ら。何かあったのか？」

「ないよ」

「何にも」

ノリオとハム太の声がぴたりとそろって、な、と同時にぼくの顔を見る。

「……うん。ない」

と、ぼくも言った。ヤンチャによけいな心配をかけたくなかったのだ。

でも、ヤンチャは全部お見通しだった。

「また下らないことで④ケンカでもしたんだろ」

「ケンカじゃないよ！　それに下らないことなんかじゃない！」

言ってから「あ」と口を押さえたけれど、［　　　］だった。

「へへ、自分からばらしてやんの」

と言った⑤ハム太の脇腹を、ノリオがひじでこづく。

「ケンカじゃないなら、何だよ」

ヤンチャは、落ちくぼんだ目で僕らを順番に見つめた。まるで、どこかの国の飢えた子供みたいな目だ。

「なあ、何だよ」

ぼくらは顔を見合わせた。

それから、仕方なく話しだした。この間の土手の道での話から、今朝の本の一件に至るまで、洗いざらい、順番にだ。

　ときどき咳をしたり、目を閉じたりしながら耳を傾けていたヤンチャは、全部聞き終わると意外なことを言った。

「オレもさ。読んだことあるよ、⑥その本」

「えっ、ほんとに？」

「うん、背表紙の赤いやつだろ。なんかちょっとあぶない博士の作った機械に入って、江戸時代に旅したはいいけど、その時代にいないはずの人間が現れたせいで歴史が微妙にくるっちゃってさ。もとの世界に戻れなくなっちゃうやつ……」

「それそれ！」

　興奮したハム太が大きな声を出して、病室の前を通った看護婦さんにシーッと注意された。

「それだよ、それ」

　あわてて声をひそめる。

「そいでさ、やっと戻ってきたと思ったらさ、今度は機械の故障で未来に飛ばされて、みんなに原始人あつかいされちゃってさ」

　ヤンチャはうなずいて、何を思い出したのか、おかしそうに笑った。

「けっこう面白かったよな、あの本。タイムマシンを作っていく手順が詳しく説明してあったろ。使う材料とか、組み立てるコツとかさ。オレ、あの一番最後にみんなで叫ぶとこ……ええと、何つったっけ？」

　ハム太が答えた。

「『発進！ ぼくらのタイムマシン！』だろ」

「そうそう。オレ、あそこんとこが好きだったな。なんかこう、スカッとしてさ。そういえば、前にテレビで言ってたけど、タイムトラベルって理屈の上ではほんとに可能なんだってよ。うそかほんとか知らないけど」

　ぼくらはベッドの横に立って、ヤンチャの顔を見下ろしていた。ヤンチャのこんなに楽しそうな顔を見るのは久しぶりだというのに、⑦なぜだか胸が苦しかった。

「タイムマシン、かぁ……」

　うっとりと満足げな表情を浮かべて、ヤンチャはつぶやいた。

　いつだったろう、ちょっと前にも同じ顔を見た気がする。そう思って、すぐに思い出した。夏休み、学校のプールの帰りに、四人でアイスを買って神社の境内でこっそり食べた時と同じ顔だ。あの時ヤンチャはまだ元気だった。あれは、ついこの前のことだったはずなのに……。


（村山由佳「約束」）

(1) ——線①「そんなもの」とありますが、何を指していますか。本文中からぬき出して答えなさい。（10点）

（　　　　）

(2) ——線②「……」にこめられている「ぼく」の気持ちとして最も（もっと）よいものを次から選び（えらび）、記号で答えなさい。（10点）

ア 心配する気持ち。　イ がっかりする気持ち。
ウ 不安（ふあん）に思う気持ち。　エ 気まずく思う気持ち。

（　　）

(3) ——線③「なんとなく連れだって」とは、どのような様子ですか。最もよいものを次から選び、記号で答えなさい。（10点）

ア みんなで約束（やくそく）して行く様子。
イ ぐうぜんに出会ったので連れて行く様子。
ウ 予定がみんなちがうので、それぞれが別（べつ）に行く様子。
エ 約束したわけではないが、みんなで一緒（いっしょ）に行く様子。

（　　）

(4) ——線④「ケンカ」の原因（げんいん）は、タイムマシンに対する「ぼく」とノリオやハム太との考え方のちがいにあります。そのちがいを説明した次の文の（　）に入る言葉を、指定の字数にしたがって、本文中からそれぞれぬき出して答えなさい。（15点・一つ5点）

・ぼくは（ ア 四字 ）のために、タイムマシンが（ イ 二字 ）してほしいと願（ねが）っているが、ノリオとハム太は（ ウ 十字以内（いない） ）と思っている。

ア［　　　　］
イ［　　］
ウ［　　　　　　　　　　］

(5) ［　］に入る言葉として最もよいものを次から選び、記号で答えなさい。（10点）

ア 水のあわ　イ 寝耳（ねみみ）に水
ウ 後の祭り　エ しり切れとんぼ

（　　）

(6) ——線⑤「ハム太の脇腹を、ノリオがひじでこづく」とありますが、ノリオはなぜそのようなことをしたのですか。最もよいものを次から選び、記号で答えなさい。（10点）

ア ハム太の調子に乗りやすい性格（せいかく）が前から気になっていたから。

イ　ハム太の一言は、ヤンチャに心配をかけ、さらに「ぼく」をおこらせそうだと思ったから。
ウ　「ぼく」とヤンチャの仲が悪くならないように気をつかったから。
エ　ハム太がふざけた行動をとって、「ぼく」とケンカを始めようとしていることに気づいたから。
（　　）

(7)　――線⑥「その本」とありますが、どのようなことが書かれているどんな本ですか。本文中の言葉を使って、三十字以内で答えなさい。（15点）

(8)　――線⑦「なぜだか胸が苦しかった」とありますが、「ぼく」がそう感じた理由は何だと考えられますか。最もよいものを次から選び、記号で答えなさい。（10点）
ア　ベッドの横に立ってヤンチャの顔を見ていると、自分まで病気になったような気がしてきたから。
イ　タイムトラベルが理屈の上では可能だと聞いて、自分の夢がかなうかもしれないと思ったから。
ウ　心配している自分たちの気持ちも知らずに、楽しそうな顔をしているヤンチャのことがにくらしく思えたから。
エ　楽しそうな顔をしているヤンチャが、重い病気にかかっていることを思うとつらくなったから。
（　　）

(9)　この文章の登場人物について説明したもので正しいものを次から一つ選び、記号で答えなさい。（10点）
ア　「ぼく」はヤンチャのお見舞いに行くのを、初めはいやがっていた。
イ　「ぼく」たち三人は、病気のヤンチャのことを気づかっている。
ウ　ハム太は「ぼく」たちのリーダー的な存在としてたよりにされている。
エ　ヤンチャは元気な「ぼく」たちのことをうらやんでいる。
（　　）

説明文③（要点を読み取る）

月　日

学習内容とねらい
説明文では、何について（話題）伝えようとしているのか、まとめの意見（結論）は何かを、段落ごとの内容をおさえながら読み取っていきましょう。

標準クラス

1 次の文章を読んで、あとの問いに答えなさい。

小学生から「海の水はなぜ塩辛いのですか」という質問を受けたことがあります。海水浴に行って、うっかり海水が口に入ると、ひどくしょっぱいですね。①これは、海水が濃い食塩水だからです。海洋化学の専門家に聞いてみると、海水を塩辛くしている原因は川にあるそうです。川から塩が海に入るので塩辛いというのですが、この答えで納得するでしょうか。川の水は②淡水です。塩辛くない水が海に入れば、塩分が薄まってしまうはずなのに、海洋化学者は、その反対のことをいうのです。③どうして、そのようなことが起こるのでしょうか。

それは、長い目でみると、川から海に入る水の量と、海面から蒸発する水の量が同じ分量になっているからです。もしも、川から海に入る水のほうが、蒸発する水の量より多ければ、海面の高さはしだいに高くなっていくはずです。バケツに水道の蛇口から水を入れると、水面の高さがしだいに高くなっていくのと同じです。しかし、いくら川から海に水が入っても、海面の高さは変化しません。それは、入ったのと同じ分量の水が、海面から蒸発して海から逃げていってしまうからです。

蒸発するのは、水の分子です。塩の分子は蒸発しません。一方、河川水には、ごくわずかな食塩が含まれているので、食塩は少しずつ海にたまっていくことになります。河川水には、食塩だけでなく、多くの物質が溶け込んでいます。しかし、ほとんどの物質は濃縮されることはありません。それは、海に入ったのちに、いろいろな理由で海から除かれてしまうからです。しかし、塩だけは除かれないのです。一度、海に入った塩は、何億年でも海水に溶けたままの状態になっています。すると、最初、淡水だった海も、しだいに塩辛くなります。川から流入する食塩の量はごくごく微量ですが、「ちりも積もれば山となる」のたとえの通り、三・五パーセントの濃度まで濃縮されたのです。おそらく、ごくわずかの食塩は（しぶきなどで）海から除かれるでしょうから、現在の濃度以上に食塩が増えることはないだろう、と考えられています。

それでは、同じ理屈で、大きな湖もしだいに塩辛くなっていくのでしょうか。ふつう、④そういうことはありません。なぜなら、湖の水は河川となって流出するからです。蒸発する水とはちがい、河川に流出する水には塩が含まれています。そのため、流入した塩と同じ量の塩が流出してしまうので、塩が湖にたまるということはないのです。

一方、海は川になって流出することがありません。海から逃げる水は蒸発だけなので、塩の濃縮が起こるというわけです。

（木村龍治「自然をつかむ7話」）

(1) ——線①「これ」は、どのようなことを指していますか。次の文の（　）に入る言葉を、指定された字数にしたがって、本文中からそれぞれぬき出して答えなさい。

・（㋐二字）が（㋑一字）に入ったときに、ひどく（㋒四字）く感じること。

㋐
㋑
㋒

(2) ——線②「淡水」と同じ意味の表現を、本文中から六字でぬき出して答えなさい。

(3) ——線③「どうして、そのようなことが起こるのでしょうか」について、次の問いに答えなさい。

① 「そのようなこと」が指している内容として最もよいものを次から選び、記号で答えなさい。

ア 海洋化学の専門家の説明が、事実とはちがうということ。

イ 塩辛くない水が海に入って、塩分が薄まってしまうということ。

ウ 川の水が、淡水ではなくなってしまうということ。

エ 淡水が海に入れば塩分が薄まるはずなのに、海洋化学者はその反対のことをいうこと。

（　　）

② なぜ、「そのようなこと」が起こるのですか。その理由が書かれた部分を本文中から四十五字以内でさがし、初めと終わりの五字を答えなさい。

～

(4) ——線④「そういうこと」が指す一文を、本文中からぬき出して答えなさい。

（　　）

ハイクラス

時間 25分　合かく点 75点　得点 点　月 日

1 次の文章を読んで、あとの問いに答えなさい。1～6は、段落番号を表しています。

1花壇にアサガオを植える時、金網の近くに種をまいたり、Ⓐ、ある程度育った段階で支柱を立てたりします。これはアサガオが何かにまきつきながらよじ登らなければならないためです。このような自分自身の茎では直立できない植物を、〝つる植物〟といっています。つる植物もほかの植物と同じように緑色の葉を持ち、自身で*光合成を行っていますので、やはり多くの日光が必要なのです。そのため、光を求めて①いろいろな方法で上へ上へとよじ登っていくのです。

2ヘビが木に登るように茎でまきつきながら登る方法、長い葉の柄をくるりとまわし登る方法、まきひげでつかみながら登る方法、付着根で壁や大木などの垂直面を登る方法、茎についた逆さのトゲでひっかけながら登る方法などがあります。

3つる植物は、日がよく当たり、Ⓑまつわりつく植物などの多い垣根や林のへりに多く見られます。とくに林のへりのつる植物や背の低い木や草は、林の中に直接強い風や光が入りこまないよう、Ⓒ林を守る働きをしているのです。②私たちが着ている洋服のようなものです。

4高い山に自動車道路を作った時など、森林の中が急激な変化をし、次々と木が枯れてしまうことがしばしば③問題になります。これは森林のへりをおおう、つる植物や低い木や草がないため、強い風や光が直接森林の中に入りこみ木を枯らしてしまうのです。

5いっぽう、つる植物がしげりすぎますと、植林した木や庭の植木などを枯らしたり、生長を止めたり、また樹形や材質を悪くしたりすることがあり、一部では大変きらわれています。

6このように、つる植物は、有益なことと害をおよぼすことの④相反する二つの働きがありますので、その性質をよく知って人間の手で正しく管理することが必要なのです。

（矢野 亮「街の自然観察」）

＊光合成…植物が光の助けをかりて、酸素と養分をつくる働き。

(1) Ⓐ～Ⓒに入る言葉として最もよいものを次から選び、それぞれ記号で答えなさい。（15点・一つ5点）

ア ところが　イ つまり
ウ あるいは　エ しかも

(2) ——線①「いろいろな方法」について、次の問いに答えなさい。（16点・一つ8点）

① 本文中で、「いろいろな方法」についてくわしく説明しているのは、どの段落ですか。段落の番号を答えなさい。

Ⓐ（　）Ⓑ（　）Ⓒ（　）

② 説明されている方法は、全部でいくつありますか。漢数字で答えなさい。

（　）つ

(3) ——線②「私たちが着ている洋服のようなものです」は、たとえの表現ですが、ここでは、何がどのようであることが洋服にたとえられているのですか。（15点）

（　　　　　）

(4) ——線③「問題になります」は、ここではどんなことを表しているのですか。最もよいものを次から選び、記号で答えなさい。（10点）

ア 原因が何かわからず、こまってしまうこと。
イ 木を枯らさない方法をいろいろ考えること。
ウ 自動車道路を作るのを中止してしまうこと。
エ さまざまな意見や議論が生まれてくること。

（　）

(5) ——線④「相反する二つの働き」とありますが、二つの働きとは何と何ですか。五字と八字で、本文中から二つぬき出しなさい。また、それぞれについてくわしく説明しているのは、どの段落ですか。段落の番号を答えなさい。（32点・一つ8点）

・□□□□□（　）
・□□□□□□□□（　）

(6) この文章で、筆者が伝えたいことは何ですか。最もよいものを次から選び、記号で答えなさい。（12点）

ア つる植物は、強い光や風から林を守るすばらしい植物である。
イ つる植物は、木を枯らしたり、材質を悪くしたりするひどい植物である。
ウ つる植物の性質をよく知って、正しく管理することが大切である。
エ つる植物も光合成を行うために多くの日光が必要である。

（　）

15 説明文 ④（細部を読み取る）

（　月　日）

学習内容とねらい
言葉の細かな意味や、説明の細部に注意して、問題をといていきましょう。「何となく」という読み取りではときされない問題がテストで出題されます。

標準クラス

1 次の文章を読んで、あとの問いに答えなさい。

円型に集まった人たちが自己紹介をするときに、右回りで順番に行うことを「時計回り」という。または「どろぼう回り」ともいう。①和服を着たときにふところに手が入るということに由来しているからだが、いずれにしても自然なまわり方ではないことを意味している。

運動会の徒競走を思いだしていただきたいのだが、グランドをまわるのはかならず左回りである。人間は心臓が左寄りにあるためか、［ア］で走ると遠心力で飛ばされるような気がするのにたいして、［イ］だと安心して走れる。このように人間は［ウ］のほうが自然だと感じているにもかかわらず、なぜ時計の針は右回りになったのか。

人間のつくった時計のなかで最も古いものは、②太陽がつくるかげの動きで時刻を知る日時計で、紀元前三〇〇〇～四〇〇〇年のエジプトで用いられていた。その③初期には樹木や岩石などや、垂直に立てた棒のかげを観測する原始的なものだったが、しだいにくふうが加えられて、世界各地に伝えられた。日本のように北半球にある地域では、地面に棒を立ててかげの動きを追っていくと［エ］、つまり時計回りに動いていく。日時計によってアナログ時計の文字盤の文字の配列のしかたが固まったために、その後に現れた時計に「時計回り」が受けつがれた、というのが、④この問題に対する解答の通説となっている。

ところが、南半球では太陽がつくるかげの動きは北半球とは正反対になるのではないかとの疑問が生じる。確かに、オーストラリアなど南半球で日時計を製作するとかげは逆の［オ］となる。地球儀を見ながら考えてみればわかるが、北半球での右は南半球では左になるからである。しかし、時計が発明されたころ、地球上にあった文明のほとんどが北半球に存在していたため、このように右回りが発明されることになったのである。

（織田一朗「時計の針はなぜ右回りなのか」）

(1) ――線①「和服」、③「初期」の反対語を、それぞれ漢字二字で答えなさい。

①

③

(2) ㋐～㋔には、A右回り、B左回りのどちらかが入ります。それぞれ記号で答えなさい。

㋐（　）㋑（　）㋒（　）㋓（　）㋔（　）

(3) ──線②「太陽がつくるかげの動きで時刻を知る日時計」によって、何が決まりましたか。本文中から二十字でさがし、ぬき出して答えなさい。

(4) ──線④「この問題に対する解答」について、次の問いに答えなさい。

① 「この問題」とは何ですか。本文中から十六字でぬき出して答えなさい。

② ここでの「解答」とは、どのようなことですか。わかりやすく説明しなさい。

（　）

(5) 次の文のうち、本文の内容と合うものには○を、合わないものには×を書きなさい。

① 南半球の日時計のかげの動きと北半球の日時計のかげの動きは逆なので、南半球では、左回りの時計しか存在しなかった。（　）

② たいていの人間は右利きなので、円型での自己紹介のときも、自分の右にいる人の後に順番が回ってくる。（　）

③ 時計が発明されたころに文明の多くが存在した場所が、時計の針の回る方向を決定づけた。（　）

時間	合かく点	得点
25分	75点	点

（　月　日）

1 次の文章を読んで、あとの問いに答えなさい。

ペットを*溺愛する気持ちが野生の動物にもおよんできました。その典型的な例は、①野生の動物に餌をあたえることです。

《中略》

観光地に*出没する人間を恐れないで、手にもっている食べ物をひったくるようなニホンザルには、野生の動物の*精悍さを感じることができません。*怠惰で*狡猾な感じさえします。北アルプスを縦走していた私の目の前にあらわれたニホンザルの群れとは、なんと違うことでしょう。ニホンザルは私たちヒトに*近縁の動物です。外形上、似ているところがたくさんあります。味覚もきっと似ていることでしょう。私たちがおいしいと感じるパンやお菓子を、おいしい食べ物だと思っているかもしれません。一方、パンやお菓子をあたえた人はサルが喜んでくれてよかったと思っているのかもしれません。

②サルと人との思いがたぶん同じなのだから、人間の食べ物をサルにあたえる行為はよいことだ、といえるのでしょうか。人間の食べ物を食べることはニホンザルにとってほんとうに幸福なことなのでしょうか。

ニホンザルはいたるところで人間とトラブルを起こしています。多くは農作物をからす「猿害」問題です。

畑や住宅地がどんどん山にせまっています。また、サルたちに木の実や草の芽、昆虫などの食べ物を用意してくれていた落葉広葉樹の林が、スギやヒノキなどの植林地に変わってしまいました。③ニホンザルの生息地がせばめられるという現実があります。

サルははじめはこわごわと畑にでてきました。そして、サツマイモやトウモロコシなどを農家の人たちの目をかすめて食べたのでしょう。農家の人たちも大目に見ていました。やがてそれがエスカレートしてきました。

今では、ほとんどが畑で生まれて畑で育った世代になったサルの群れもあります。このようなサルを山育ちに戻すのは大変なことのようです。山で何をどのように食べればよいのかが、サルの群れのなかに伝わらなくなってしまっているからです。もとに戻すにはサルの群れを山に追いかえすことを二十数年もつづけなければならないという研究者さえいます。サルは人間といっしょに住むことはできないのですから、④これはたいへん不幸な事態といえましょう。

かわいいからといって、無配慮に野生の動物に餌をあたえることは、大きな問題が生じるひきがねになります。

野生の動物たちが、人間の食べ物に依存しなければならないような状況をつくりだしてしまうことも問題です。
同じ動物であっても、ペットと野生の動物とではつきあい方を変えなければならないのです。

（山岡寛人「自然保護は何を保護するのか」）

＊溺愛…むやみにかわいがること。　＊出没…どこからともなく現れること。
＊精悍さ…動作などが鋭く、力強い様子。　＊怠惰…怠けること。
＊狡猾…悪賢いこと。　＊近縁…生物の分類上、近い関係にあること。

(1) ——線①「野生の動物に餌をあたえること」とありますが、わかりやすく言いかえている部分を本文中から十六字でさがし、ぬき出して答えなさい。（15点）

(2) ——線②とありますが、ここでいう「同じ思い」とは、どのようなことですか。（15点）

（　　　　）

(3) ——線③とありますが、ニホンザルが生息しにくくなっているのはなぜですか。その理由を二つ説明しなさい。（30点・一つ15点）

（　　　　）

（　　　　）

(4) ——線④「これ」とは、どのようなことを指していますか。本文中の言葉を使って、次の形で説明しなさい。（20点・一つ10点）

・サルが（　　　　）になり、（　　　　）がむずかしくなっていること。

発てん
(5) 次の文章は、本文全体をまとめたものです。（　）に入る言葉を、指定の字数にしたがって、本文中からそれぞれぬき出して答えなさい。（20点・一つ5点）

・（㋐二字）の動物に（㋑三字）をあたえたり、また、（㋐）の動物の住む場所を奪ったりしたことによって、人間との間に（㋒四字）を起こす事態が生じてきた。人間は、同じ動物であってもペットと（㋐）の動物では、（㋓五字）を変えなければならない。

㋐

㋑

㋒

㋓

チャレンジテスト⑥

時間 40分　合かく点 75点　得点 点　（月　日）

1 次の文章を読んで、あとの問いに答えなさい。

成長の速い子どもをタケノコのように[Ⓐ]伸びるといい、タケノコは昔から生長が速いものの代名詞とされてきたが、実際にその生長速度を測った人はあまりいないだろう。竹博士として有名な上田弘一郎氏によると、マダケのタケノコで一日に一二一センチメートル、モウソウチクのタケノコで一日に一一九センチメートルも伸長した例があるというから、その生長速度はすさまじいものである。とくに、昼間の伸長は速く、一時間に八〜一〇センチメートルも伸びることがあるというから、これを換算すると一分間に約一・五ミリメートル伸びることになり、タケノコは、見る見るうちに伸びるものだといってよい。①雨後のタケノコともいわれるように、雨の降ったあとなどは、とくに数多くのタケノコが[Ⓑ]と現れてくるのであって、そのようなとき、手入れのゆきとどいた竹やぶの緑の中に、茶褐色の皮をかぶったタケノコが無数につき立っているありさまは実にみごとなものだ。

②なぜこれほど多くのタケノコがこれほどすさまじい勢いで生長することができるのであろうか。それは、地下に張りめぐらされた無数の地下茎から多量の栄養が供給されるためであり、また、早くに生長することを止めた親竹が光合成でかせぐ栄養のすべてを、タケノコに供給するためだといってよいだろう。

竹の根を掘りおこした経験のある人は、地下茎がぎっしりと張りめぐらされているのを見ておどろかれたことと思うが、そのありさまは実際に掘ったことのない人には、とても想像できないものである。上田氏らの調査では、モウソウチク林で、一平方メートルあたり一一メートル、マダケ林では一平方メートルあたり一九メートルもの地下茎が張りめぐらされていたという。これらの地下茎は、たいへん太いものであるから、竹林の土の中には地下茎がぎっしりとつまっているといっても③過言でない。

四〜五月に出てきたタケノコは、地下茎にたくわえられていた栄養と親竹から供給される光合成産物を利用して急速に伸びるが、五〜六月には早ばやと伸長を終わり、夏の間は伸びることなく、つぎつぎと葉を開いて光合成を行う。この時期には、その年に生長した竹だけでなく、前の年あるいはそれ以前に地上に現れた竹も、ほとんど生長することなく光合成でかく得する栄養分をすべて地下茎に送るのであるから、地下茎は［Ⓒ］大きくなるばかりでなく、栄養をたっぷりとたくわえることができる。植物の生長にとっても好都合な夏の間、竹はさんさんと降りそそぐ夏の太陽のエネルギーを利用してつくる光合成産物を、ほとんど地上部の生長についやすことなく、せっせと地下茎に送り込んでたくわえている点に注目してほしい。このために、翌春に出るタケノコがすくすくと生長できるのである。

晩秋になって気温が下がると、地上部の活動がにぶり、これにともなって地下茎も生長をやめるが、このころになると、地下茎の二～五年目の部分からタケノコがふくらみはじめる。ふくらみはじめたタケノコの赤ちゃんは、冬の間、地下茎から養分をもらいながらゆっくりと生長をつづけるが、春になると、地温の上昇とともに生長を速め、地上部から供給される養分をも利用していっきょに大きくなるのである。

地下茎にはたくさんの節があり、そのおのおのから芽が出て、それらがすべてタケノコになったのでは、いくら栄養分をたくわえている竹とはいえ、④これらをすべて育てることはできない。実際には、地下茎のすべての節からタケノコが出るのでなく、二～五年目の部分、とくに三～四年目の部分から多くのタケノコが出るのだが、それでもすべてのタケノコを生長させようとすると、栄養不足になる。

ふつう、一本の若竹を育てるのに五本以上の親竹の協力が必要だといわれているのに、出てくるタケノコの数はそれよりもはるかに多い。そのため、タケノコ社会でもはげしい生存競争が演じられることになるが、このとき竹は、弱者を遠りょなく切りすて、すべての子供に平等に栄養を与えて多数の栄養不全の子供をつくるようなことはしない。人間社会ではとうていまねのできない決断である。

一般に地上に現れたタケノコの約半数、場合によっては七割以上が、高さ三〇センチメートルにもならないうちに生長できなくなり、だつ落していくのであって、このようなタケノコのことを「⑤トマリタケノコ」と呼んでいる。これらはほかのタケノコのいけ*にえともいうべきもので、すくすくと伸びるタケノコのかげに多くの犠牲者があることを忘れてはいけない。トマリタケノコは、タケノコ発生シーズンの終わりころに多くみられるが、そのころには、地下茎および親竹の養分が使いつくされるからであろう。

私たちが若いタケノコをとって食用にするのは、このような犠牲者の数を減らすのに役立っており、逆にいえば、私たちはトマリタケノコを若いうちにとって食べていることになる。このように考えると、タケノコをとることは、その量さえ多すぎなければ、竹林の生長をさまたげることにはならないのであるから、⑥私たちは安心して、タケノコを食べることができる。

（瀧本　敦「ヒマワリはなぜ東を向くか」）

＊伸長…長さが伸びること。
＊光合成…植物が光の助けをかりて、酸素と養分をつくる働き。
＊地下茎…地中にのびている植物の茎。
＊いけにえ…犠牲。

(1) Ⓐ～Ⓒに入る言葉として最もよいものを次から選び、それぞれ記号で答えなさい。（15点・一つ5点）

ア にょきにょき　イ ひょろひょろ
ウ すくすく　エ どんどん
オ てんてん

Ⓐ（　）Ⓑ（　）Ⓒ（　）

(2) ――線①「雨後のタケノコ」とは、どういうことのたとえですか。また、――線③「過言」とは、どういう意味ですか。最もよいものを次から選び、それぞれ記号で答えなさい。（12点・一つ6点）

①「雨後のタケノコ」
ア 見事なできばえのものがたくさんあること。
イ 似た物事がつぎつぎと起きてくること。
ウ 非常にたくさんの物が存在していること。
エ 急に物事が進展していくこと。
（　）

③「過言」
ア 言いすぎ
イ 下手な言い方
ウ まちがった表現
エ 昔の人の教え
（　）

(3) ――線②「なぜこれほど多くの……できるのであろうか」という問いかけに対する答えの一文を――線③より前からさがし、初めと終わりの五字をそれぞれ答えなさい。（8点）

□□□□□～□□□□□

(4) タケノコの生長を、次のようにまとめました、それぞれ、「春」「夏」「秋」のどれにあたりますか。（15点・一つ5点）

① 早ばやと伸長を終え、つぎつぎと葉を開いて光合成を行い、かく得する栄養分をすべて地下茎に送り、たくわえる。
（　）

② 地下茎にたくわえられていた栄養と親竹から供給される光合成産物を利用して急速に伸びる。（　　）

③ 地下茎の二～五年目の部分からタケノコがふくらみはじめる。（　　）

(5) ――線④「これら」が指す内容(ないよう)と同じ内容の言葉を、すぐ前の段落(だんらく)から十字以内でぬき出して答えなさい。(8点)

(6) ――線⑤「トマリタケノコ」について、次の問いに答えなさい。

① どのようなタケノコですか。本文中から「～タケノコ。」につながる形で、三十六字でぬき出して答えなさい。(15点)

タケノコ。

② 「トマリタケノコ」が生まれる理由を、次のようにまとめました。（　）に入る言葉を、本文中から十六字でぬき出して答えなさい。(10点)

・すべてのタケノコに（　）のタケノコをつくらないようにするため。

発てん
(7) ――線⑥「私たちは安心して、タケノコを食べることができる」とありますが、それはなぜですか。本文中の言葉を使って、六十字以内で答えなさい。(17点)

物語文③（気持ちの変化を読み取る）

（　月　日）

学習内容とねらい

場面の状況や登場人物のせりふ・様子から、気持ちの変化を読み取ります。感情を表す言葉がはっきりと書かれていない場合は、注意深く読む必要があります。

標準クラス

1 次の文章を読んで、あとの問いに答えなさい。

そのうちに日数が経って、夏休みも終わろうとしました。その時分になると、いろいろな虫が庭先に来てよい声で鳴いたのです。

「兄さん、こんなにたくさんの虫が裏の庭先でよい声で鳴いています。みんな盆花や萩の枝にとまって、夜露を吸いながら、月の光や、星の光を身に浴びて喜んで鳴いているのです。□。」と、弟は言いました。

「うちの鈴虫も、かごの中で喜んで鳴いているじゃないか。」と、兄は答えました。

「しかし、うちの鈴虫の声は、庭で鳴いている虫の声に比べると、細くて小さいじゃありませんか。これは、やはり弱っているからです。」

庭先には、いろいろな虫が来て鳴いていたけれど、鈴虫だけはいなかったのです。二人は、鈴虫をとった川辺へ出かけました。兄が、静かに草むらのそばに立って耳をすましていますと、なるほど、弟の言うように外で鳴いている鈴虫の方がもっと声が高く、いい音色をたてていたのでした。

二人は、かごの中に入っている鈴虫を見てかわいそうに思いました。

「兄さん、鈴虫をにがしてやろうじゃありませんか。」と、弟がもう一度言いました。

兄は、しばらく考えていましたが、顔を上げて、①「じゃ、にがしてやろう」と、弟に向かって言いました。弟はさすがに大いに喜びました。そして、二人は、鈴虫を裏庭の萩のしげった中に放してやりました。

学校が始まって、二、三日経ったある日、暴風雨が来ました。二日ばかりというものは小やみなく雨が降って、風があれたのです。庭には水がたまって、それにさざ波が起こり、木々の葉や草はみだれにみだれて、萩の花はたいてい、さいているだけは散ってしまったほどです。

「鈴虫は、どうしたろう。」と、②兄と弟とは庭の方をながめて、鈴虫を思い出して言いました。

晩方になると、ようやく雨がやみ、風が静まりました。

草むらの中からは、こおろぎの声や、くつわむしの声が聞こえてきました。

「まだ、あんなに元気よく、みんな虫が鳴いている。」と、二人は言いました。そして、萩の中から、鈴虫が鳴き始めました。二つの鳴き声は聞こえずに、ただ一ぴきの声のみが、聞こえてきたのです。その声は、ほんとうに悲しそうでした。

「兄さん、短い命で生まれてきた虫を、とらえるものではありませんね。早く死んでしまって、かわいそうじゃありませんか。」

③兄は、このとき、だまって弟の言ったことにうなずきました。

（小川未明「ある時の兄と弟」）

(1) □に入る「弟」のせりふを本文中から二十字以内でさがし、ぬき出して答えなさい。

(2) ――線①とありますが、兄がこのように決心した理由として最もよいものを次から選び、記号で答えなさい。

ア つかまえた鈴虫が弱っていることがわかったので、やはり鈴虫は外で生きる方がよいのだと思ったから。

イ 自分が弱っている鈴虫をにがしてあげるようなやさしい人間であることを、弟にわからせようと思ったから。

ウ せっかくかごの中の鈴虫をにがしてもすぐに死んでしまうことを、弟に教えようと思ったから。

エ 弟はいつも自分の言うことを聞いているので、たまには弟の言うことも聞いてやらなければならないと思ったから。

（　　）

(3) ――線②とありますが、このときの二人の気持ちを、考えて答えなさい。

（　　）

(4) ――線③とありますが、このときの「兄」の気持ちを次のようにまとめました。（　）に入る言葉を答えなさい。

・自分たちが（ ① ）いなければ、（ ② ）ができたと反省し、早く死んだ鈴虫をあわれむ気持ち。

①（　　）

②（　　）

ハイクラス

時間 25分　合かく点 75点　得点 点　（　月　日）

1 次の文章を読んで、あとの問いに答えなさい。

〈縁日で、かわいいヒヨコをみつけたトットちゃんは、両親に買ってくれるようにお願いしました。〉

ママが小さい声でいった。

「このヒヨコは、すぐ死ぬから、かわいそうなの。およしなさい。」

「どうして？」

トットちゃんは泣き声になった。①パパは、ヒヨコの売り屋さんに聞こえないように、少し離れたところで説明した。

「あれは、今はかわいいけど、体が弱いからすぐ死んで、*トット助が泣くことになるから、パパたちは、いっているんだよ。」

でも、トットちゃんは、ヒヨコを見ちゃったから、説明を聞きたくなかった。

「絶対死なせない。面倒みるから、お願い。」

それでも、パパとママは頑固に、トットちゃんを、ヒヨコの箱の前から、ひっぱった。トットちゃんは、ひっぱられながら、ヒヨコを見た。ヒヨコは、みんなトットちゃんに連れてって欲しそうに、もっと鳴いた。トットちゃんは、もうヒヨコじゃなきゃ、何もいらないと思った。パパとママに、おじぎをしていった。

「ねえ、お願い。ヒヨコ買ってください。」

でも、ママもパパも頑張った。

「あなたが泣くことになるから、よしたほうがいいって思うのよ。」

㋐トットちゃんはベソベソ泣き出した。そして家のほうに泣きながら歩き出した。そして、暗いところまで来たとき、しゃくりあげながらいった。

「お願いします。一生のお願い。死ぬまで何か買ってって、いいません。あのヒヨコ買ってください。」

さっき泣いたからすがもう笑った、というくらい、うれしそうな顔のトットちゃんの手の中の小さい箱には、二羽のヒヨコが入っていた。

次の日、ママが大工さんに頼んで、特別製の箱を作ってもらい、中に電球を入れて、暖めた。トットちゃんは、一日中、ヒヨコを見て暮らした。黄色いヒヨコはかわいかった。ところが突然、四日目に一羽が、五日目にもう一羽が、動かなくなってしまった。どんなに手でさすっても、呼んでも、もう二度とピイピイとはいわなかった。そして、いつまで待っても目を開かなかった。②パパとママのいったことは正しかった。トットちゃんは、ひとりで泣きながら庭に穴を掘って、二羽を埋めた。そして、小さいお花を、お供えした。ヒヨコのいなくなった箱は、ガランとして大きく見えた。箱の中のほうに、小さい黄色の羽が落ちてるのを見つけたとき、縁日でトットちゃんを見て鳴いたときの姿を思い出し、㋑トットちゃんは、歯をくいしばって泣いた。

一生のお願いが、こんなに早くなくなってしまった……。これがトットちゃんが人生で最初に味わった「　」というものだった。

（黒柳徹子「窓ぎわのトットちゃん」）

＊トット助…パパがトットちゃんを呼ぶときの言い方。

(1) ――線①とありますが、パパはなぜ、ヒヨコの売り屋さんに聞こえないようにしたのですか。最もよいものを次から選び、記号で答えなさい。（20点）

ア トットちゃんにヒヨコをあきらめさせるためについたうそを、ヒヨコの売り屋さんに聞かれると都合が悪いと考えたから。

イ トットちゃんがヒヨコを欲しがっていることを売り屋さんに知られると、高い値段で売りつけられるのではないかと思ったから。

ウ トットちゃんにヒヨコの弱さを説明すると、それがたとえ本当であっても売り屋さんの商売のじゃまをすることになるから。

（　）

(2) ――線②とは、どのようなことですか。本文中の言葉を使って、五十字以内で答えなさい。（30点）

(3) ――線㋐・㋑とありますが、なぜ泣いたのですか。最もよいものを次から選び、それぞれ記号で答えなさい。（30点・一つ15点）

ア かわいがっているヒヨコがもうすぐ死ぬと聞かされて、悲しくなったから。

イ 真剣な気持ちで欲しいと思っているのに、パパとママが買ってくれようとしないので悲しくなったから。

ウ 絶対に死なせないと約束したのに、その約束が守れなかったことがくやしかったから。

エ 箱の中に残されたヒヨコの羽を見て、ヒヨコが死んでしまったことが実感されて悲しくてたまらなかったから。

㋐（　）　㋑（　）

発てん

(4) 　には、二字の言葉が入ります。漢字とひらがなで、考えて書きなさい。（20点）

17 物語文④（ものごとの理由）

学習内容とねらい　場面・登場人物・出来事に注意し、人物の行動の理由を読み取ります。その行動を取る（結果）には必ず理由（原因）があります。ていねいに読んでいきましょう。

（　月　日）

標準クラス

1 次の文章を読んで、あとの問いに答えなさい。

〈朝、ななこさんの家の窓に子スズメがぶつかりました。〉

ななこさんは、いそいで外へでて、子スズメをりょう手で、やさしくつつんでやりました。

おかあさんが窓から顔をだしました。

「Ⓐ」

子スズメは、ななこさんの手のなかで、チュンチュンと、大きな声でいくども鳴きました。

ななこさんが、子スズメをもって、家のなかへはいると、おとうさんがいいました。

「ひろったいじょうは、ななこが育ててやらないと、子スズメはもう親スズメのところへは帰れないよ。」

「なぜなの？」

ななこさんは、なにか悪いことをしてしまったのかと思いました。

「人間のにおいがすこしでもつくと、親スズメは育ててくれないことが多いんだよ。」

おとうさんにいわれると、①ななこさんは、子スズメに悪いことをしてしまったと思いました。

「ところがだ。」

おとうさんがいいました。

「ところが、巣からおちた子スズメは、うまく飛べないから、たいていネコにとられてしまうのさ。」

それだったら、いのちをたすけたのだから、②いいことをしたと、ななこさんは思いました。

「Ⓑ」

おとうさんも子どものころ、子スズメをひろって育てたことがありました。

「Ⓒ」

おかあさんがいいました。

「こんなに小さいスズメって、なにたべるのかしら。」

ななこさんは、指のあいだから、小さな頭をだして、Ⓓと、あたりを見まわしている子スズメを見ながらいいました。

「おとうさんが、子どものころ育てた子スズメは、ピーナツバターをたべたぞ。」

「いまないから、あとで、おかあさんが買ってきてたべさせてみるわ。」

ななこさんは安心して学校へいきました。

そして、学校にいるあいだじゅう、ピーナツバターをたべさせてもらっている子スズメと、いっしょうけんめいたべさせている、おかあさんの姿（すがた）を想像（そうぞう）して、③ニコニコしていました。

（東（ひがし）君平（くんぺい）「おかあさんがいっぱい」）

(1) Ⓐ〜Ⓒに入る会話文として最も（もっと）よいものを次から選び（えらび）、それぞれ記号で答えなさい。

ア でももう、しらん顔もできないわよ。

イ 子スズメがおちてきたのよ。

ウ それにしても、育てるのはたいへんだぞ。

Ⓐ（　　）Ⓑ（　　）Ⓒ（　　）

(2) ――線①とありますが、なぜ悪いことをしたと思ったのですか。次の〔　〕にあてはまる言葉を、指定の字数にしたがって、本文中からそれぞれぬき出して答えなさい。

・〔㋐二字〕のにおいのついた〔㋑四字〕を育てない〔㋒四字〕が多いと、〔㋓五字〕から聞いたから。

㋐ □□

㋑ □□□□

㋒ □□□□

㋓ □□□□□

(3) ――線②とありますが、なぜ「いいこと」なのですか。

（　　　　）

(4) Ⓓに入る言葉として最もよいものを次から選び、記号で答えなさい。

ア チラチラ　イ ジロジロ

ウ キョロキョロ

（　　）

(5) ――線③とありますが、ななこさんは、なぜニコニコしていたのですか。最もよいものを次から選び、記号で答えなさい。

ア おかあさんがやるえさを、子スズメがなかなかたべない様子を想像するとおかしかったから。

イ 子スズメとおかあさんの様子を想像して、何ともいえない温かさが感じられたから。

ウ 家に帰った自分が子スズメにえさをたべさせている様子を想像して楽しくなったから。

（　　）

ハイクラス

時間 25分　合かく点 75点　得点　点　（　月　日）

1 次の文章を読んで、あとの問いに答えなさい。

〈下江てつと」は同級生の「みほこ」から四匹のメダカをもらい、そのとき二人はある約束をしました。しかし、「てつと」はメダカを死なせてしまいます。次はその数日後のことです。〉

「下江くん、メダカ、まだ元気？」

あるとき、てつとが中庭のそうじをするので、ほうきを持ち、ツツジの植えこみの下を何となく引っかきながら、池の中の鯉が泳ぐのを見ていると、チリ取りを持って通りかかったみほこさんが、声をかけてきた。

「う、うん。元気だよ……。」

右側のほっぺたに、ペコンと大きなえくぼが出ている。

①てつとは口ごもった。

「あのねえ、下江くん、きょう帰りしなに下江くんちへ行ってもいいかしら……。」

みほこさんは、なんとなくすまなさそうな感じで言った。

「きょ、きょう？これから？」

てつとは、すっとんきょうな声をあげた。いつかこういうことになるとは思っていたが、こんなに早いとは、夢にも思わなかった。メダカの赤ちゃんが生まれるのは、まだまだ先、まだタマゴさえ産んでいないんだから――と、②たかをくくっていたのである。

「うち、アパートで、きたないよ。」

「そんなの、かまわないわ。」

「いや、あのねえ、ほんというと、おかあさんが具合を悪くして、寝てるんだ。」

「あら、それは困ったわね。でも、たしか、下江くんのおかあさん、けさ学校へ来るとき、元気そうにおうちの前の道をはいてらっしゃったけど……。」

みほこさんも、いつになく食い下がる。メダカとなったら急に態度が変わるのだ。

「こまったなあ！」

「こまったなあ！」

二人が一緒にそう言ったので、③おかしいやらなさけないやら、てつとは、必死になって、いい考えを出そうとしたが、顔が赤くなるばかりで、少しもいい考えはわいてこない。

「じゃあ、下江くん、あたしアパートの階段の下で待ってる。下江くんちの中までは入らないからいいでしょ？」

逆にみほこさんの方が、いい考えを思いついたというふうに、はしゃいで言った。

「あれっ？　みほこさんがぼくんちに来るのは、メダカを見にくるためじゃないの？」

てつとは、ほっとしてたずねた。

「下江くん、ごめんね。本当に悪いんだけど、あたし、このまえ下江くんにあげた四匹のメダカ、返してほしいのよ。」

みほこさんは、またすまなさそうな顔にかえった。

「……！」

てつとは、びっくりして、息がつまった。見せてくれというのならまだしも、返してくれというのである。

「四匹ともじゃなくていいから、一匹でも、二匹でも。ね、お願い！」

みほこさんは、必死だ。

（皿海達哉「メダカの学校」）

＊たかをくくる…これくらいのものだろうと、軽く考える。

(1)　――線①とありますが、それはなぜですか。最もよいものを次から選び、記号で答えなさい。（20点）

ア　メダカの話題は学校で禁止されていたから。

イ　そうじをさぼっているのを見つけられて、ばつが悪かったから。

ウ　答えにくい質問をされてこまってしまったから。

エ　急に声をかけられてびっくりしたから。

（　　　）

(2)　――線②とあるのは、みほことの約束がどういうものだったからだと考えられますか。次の〔　〕に入る言葉を、指定の字数にしたがって、本文中からそれぞれぬき出して答えなさい。（30点・一つ10点）

・〔 ㋐ 三字 〕の〔 ㋑ 四字 〕が〔 ㋒ 三字 〕たら見せる、という約束。

㋐ □□□　㋑ □□□□　㋒ □□□

(3)　――線③について、次の問いに答えなさい。

①　どんなことがおかしかったのですか。次の〔　〕に入る言葉を、指定の字数にしたがって、本文中からそれぞれぬき出して答えなさい。（30点・一つ10点）

・〔 ㋐ 二字 〕が〔 ㋑ 二字 〕に〔 ㋒ 六字 〕と言ったこと。

㋐ □□　㋑ □□　㋒ □□□□□□

②　どんなことがなさけないと感じたのですか。（20点）

（　　　）

18 いろいろな文章

学習内容とねらい

手紙文では、だれが何のために書いたのか(要件)をおさえ、書き方の形式も覚えましょう。観察文では、目的・順序・結果などを正確に読み取りましょう。

（　月　日）

標準クラス

1 次の文章と手紙を読んで、あとの問いに答えなさい。

手紙にはいろいろな種類がありますが、決まった形式があり、大きく分けて「前文」「本文」「末文」と「後付け」から構成されます。

たとえば、お礼の手紙を書く場合は、「前文」にⒶを書き、「本文」にⒷ、Ⓒなどを書き、「末文」にⒹなどを書きます。最後は「後付け」に、Ⓔ・Ⓕ・Ⓖの順に書きます。

改まった手紙の場合は、「Ⓗ」に①頭語や②時候のあいさつを書きます。また、「Ⓘ」の最後には③結語を書きます。

どのような目的で手紙を書く場合でも、手紙の形式に気をつけ、ていねいな言葉を使うことが必要です。

拝啓　花の便りもあちこちで聞かれる季節となりました。みな様におかれましては、いかがおすごしでしょうか。

このたびはけっこうなおみやげの品をお送りいただきまして、まことにありがとうございます。④もらったロールケーキは、雑誌にものるほどの有名なものだそうですね。たいへんおいしくいただきました。特に妹はケーキが大好物なので、とても喜んでおりました。

旅行中のお話をぜひ⑤聞きたいと思っております。お会いするのにご都合のよい日時をお知らせいただければ幸いです。

取り急ぎお礼まで。

敬具

ア	イ	ウ
エ	オ	カ
キ	ク	ケ

(1) Ⓐ～Ⓘに入る言葉として最もよいものを次から選び、それぞれ記号で答えなさい。

ア 日付　**イ** 相手の名前　**ウ** 自分の名前
エ 前文　**オ** 本文　**カ** 末文
キ 相手の健康を願う言葉
ク お礼の言葉
ケ 特に感謝していること
コ 相手の様子をたずねる内容

Ⓐ（　）Ⓑ（　）Ⓒ（　）Ⓓ（　）
Ⓔ（　）Ⓕ（　）Ⓖ（　）Ⓗ（　）
Ⓘ（　）

(2) ――線①「頭語」にあたる言葉を、手紙の中からぬき出して答えなさい。（　）

(3) ――線②「時候のあいさつ」にあたる文を、手紙の中からぬき出して答えなさい。
（　）

(4) ――線③「結語」にあたる言葉を、手紙の中からぬき出して答えなさい。（　）

(5) ――線④「もらった」、⑤「聞きたい」を、適切な表現に書き直しなさい。
④（　）
⑤（　）

(6) この手紙は、いつごろ書かれたものですか。その季節を答えなさい。（　）

(7) これは、何について書いた手紙ですか。
（　）

(8) (7)の内容以外で、相手に伝えたいことは何ですか。その内容を書きなさい。
（　）

(9) ①自分の名前、②相手の名前、③日付は、ア～ケのどこに書いたらよいですか。それぞれ記号で答えなさい。
①（　）②（　）③（　）

ハイクラス

時間 25分　合かく点 75点　得点　　点　（　月　日）

1 次の文章を読んで、あとの問いに答えなさい。

高本君は、食パンを食べようとして、かびの生えているのに気が付きました。そこで、食パンのかびの生え方について、次のような方法で実験・観察することにしました。あとで、文章にまとめることができるように、次のことに気を付けて記録しました。

・実験の課題　・実験の方法　・予想
・実験の結果（わかったこと、考えたこと）
・本で調べたこと（わかったこと、考えたこと）

〔高本君の記録〕

・課　題
　パンのかびは、どういうふうに生えるか。

・方　法
　パンを四つの場所に置いてみる。
　①日なたに。
　②水にひたして、つくえの上に。
　③そのまま、つくえの上に。
　④れいぞう庫の中に。

・予　想
　水にひたしたパンが、水をふくんでいるので、くさりやすく、いちばん、かびが生えるだろう。

・それぞれのパンの変化の様子
　①日なたに置いたパンは、一週間たってもかびは生えず、ただ水分がなくなって、かちかちになっただけだった。
　②水にひたして、つくえの上に置いたパンは、一日たつと、茶色と黄色に変色した部分が出てきた。日がたつにつれ、かびの部分がふえ、一週間たつと、ほとんどかびだらけになっていた。においをかぐと、鼻をつくにおいがした。
　③そのまま、つくえの上に置いたパンは、三日目ぐらいから、表面に、黒い点々のかびが生えてきた。固さも、少し固くなった。一週間たっても、パンの様子は、かびが生えはじめたころと、あまり変わらなかった。
　④れいぞう庫の中に入れたパンは、二、三日たつうちに、水分がなくなり、表面がかちかちになった

が、うらはそのまま。形は、全体にひと回り小さくなった感じ。でも、一週間たっても、かびは生えなかった。日なたのパンと様子がにている。

・まとめ

この実験では、かびは、しめった所がすきで、高温や低温は苦手で、ちょうどよい温度がすきだということが、わかった。

パンに生えているかびの種類の名前を本で調べると、②の、水にひたしてつくえの上に置いたパンに生えていたかびは、アカパンカビ、③の、そのままつくえの上に置いたパンに生えていたかびは、クロコウジカビということだった。

(「実験したことを」平成二年度版大阪書籍「小学国語4上」)

(1) これは、何についての実験ですか。本文中から十四字でぬき出して答えなさい。(20点)

(2) 実験の方法として、四つ用意したのはどうしてですか。「パンの状態によって、」から始まるように説明しなさい。(20点)

パンの状態によって、(　　)

(3) かびが生えたのは、どの場所に置いたパンですか。番号で答えなさい。(10点)

(　　)

(4) 実験の結果は、高本君の予想と同じでしたか、ちがいましたか。(10点)

(　　)

発てん

(5) 実験でわかったことを、二十五字以内でまとめなさい。(25点)

(6) 本で調べたことは何ですか。(15点)

(　　)

チャレンジテスト⑦

時間	合かく点	得点
40分	75点	点

（　月　日）

1 次の文章を読んで、あとの問いに答えなさい。

ぼくたちがはじめてトミーにあったのは、いまからちょうど二週間まえ、春休みがはじまった日の夜のことだった。

Ⓐ［　］、そのまえに、①話しておかなきゃならないことがあるんだ。それは、ぼくと木乃が、どんなにいっしょうけんめいになって、飛行機作りにはげんでいたか、ということなんだ。そうじゃなかったら、《格納庫》も必要じゃなかったし、きっとトミーにもあうことはなかったと思う。なにしろ、ぼくと木乃の長いあいだの夢は、卒業するまでに、なんとかいっぺんは飛行機大会で入賞する、ということだったんだから。

去年、四年生のおわりの春、ぼくと木乃ははじめてチームを組んだんだ。Ⓑ［　］、＊双発の『②アキのハリケーン』というのをつくった。

アキっていうのは、芦川というぼくの名字と、木乃の頭文字をとったものだ。秋っていう意味にもなるし、なんだか入賞しそうな名まえだ、とそのとき木乃は満足そうにいったものだ。

実際、ゴム動力の飛行機としては、プロペラ二つというのはたいしたものだったのさ。みんなが集まってきて、ためいきをついたんだから！

ぼくと木乃は、くふう賞と努力賞をとれると思った。③二冠王の英雄が、ぼくたちをまっていると思った。

それなのに、あいつめ、名まえのわりにはヌケサクだったよ。すごいいきおいで飛びあがって、一直線にまっさかさまさ。ばらばらになって、それっきりだった。

ぼくたちはうんと反省した。あんなにまじめに、いっしょうけんめいがんばったのに④失敗した原因は、いったいなんだろう？

Ⓒ［　］、木乃が、なんだか［　］目をしばしばさせて、

「ちょっときくけどな、＊徹。」

「図工の成績は何点だった？」

ぼくは下をむいて、指を二本ひらひらさせた。

「やっぱり。」

木乃はうなだれて、うめくようにいった。

「おれも2だよ。……めんどうなことになってきたぞ。」

「めんどうって？」

「つまり、おれたちは、ぶきっちょだってことさ。それも重症の。」

「重症、か。……なおるみこみは？」

「あると思うかい？」

「そんな、かなしいことというな。」

ぼくたちはだまりこんで、いっしょに大きなためいきをついた。

「でもな、徹。」

しばらくして、木乃がいった。

「一つだけ、⑤手があるんだ。ぶきっちょがきように勝つ、たった一つの手。」

「どんな？　どんな手だい？」

「めんどうなんだ、ちょっと。」

「しかたがない。勝つためなら、どんなややこしいことだってがまんするよ。」

「（　　　）、さ。敵の何百倍もの（　　　）！」

「なあるほど。いくらなんでも、一年もまえからじゅんびするやつはいないからな。」

「おれたちだけだよ、たぶん。」そこでさっそく、ぼくたちは来年の大会、Ⓓきょうの大会めざして、作戦をねりはじめたんだ。

まず、こんどはグライダーをつくることにした。それも、なにからなにまで手作りで。そうでなきゃ、一年も時間をかける意味がないし、⑥プロペラ機はもうこりごりだった。


それから、そのほかのこまかなことについて、ぼくたちはしんちょうにうちあわせをしたんだ。

「なんたって気をつけなきゃいけないのは、スパイだな、やっぱり。」

ぼくのへやで、木乃はしかめっつらをしていったものだ。

「　㋐　」

「　㋑　」

と、ぼくはうなずいてこたえた。

頭の中で、スパイしそうなやつの顔が、ちらちらした。木乃も、同じことを考えているらしかった。

「　㋒　」

「　㋓　」

「　㋔　」

すぐにスパイ表をつくり、それぞれつくえのまえにはっておくことにした。


（飯田栄彦「飛べよ、トミー！」）

＊双発…エンジンを二つそなえていること。
＊徹…徹のあだな。

(1) Ⓐ～Ⓓに入る言葉として最もよいものを次から選び、それぞれ記号で答えなさい。（12点・一つ3点）
ア　すると　イ　あるいは

ウ　でも　　エ　そして
オ　つまり　　カ　たぶん

Ⓐ（　　）Ⓑ（　　）Ⓒ（　　）Ⓓ（　　）

(2)　――線①「話しておかなきゃならないこと」とは、何ですか。最もよいものを次から選び、記号で答えなさい。（5点）

ア　春休みがはじまった日の夜のこと。
イ　はじめてトミーにあったときのこと。
ウ　飛行機作りにはげんでいたこと。
エ　飛行機大会で入賞すること。
オ　格納庫が必要であるということ。

（　　）

(3)　――線②「アキのハリケーン」とは、何のことですか。本文中から八字でぬき出して答えなさい。（5点）

□□□□□□□□

(4)　――線③「二冠王」とありますが、どういうことですか。本文中の言葉を使って答えなさい。（5点）

（　　）

(5)　――線④「失敗した原因」とありますが、それは何だったのですか。本文中の言葉を使って答えなさい。（6点）

（　　）

(6)　□に入る言葉として最もよいものを次から選び、記号で答えなさい。（5点）

ア　うれしそうに　　イ　申しわけなさそうに
ウ　はずかしそうに　　エ　不安(ふあん)そうに

（　　）

(7)　～～線「ぶきっちょ」とありますが、どういうことですか。最もよいものを次から選び、記号で答えなさい。（5点）

ア　太っていること　　イ　ぶきようであること
ウ　素早(すばや)くないこと　　エ　きようであること

（　　）

(8)　――線⑤「手があるんだ」とありますが、実際(じっさい)にはどうすることですか。本文中の言葉を使って答えなさい。（8点）

（　　）

(9)（　　）には、どちらも本文中にある二字の言葉が入ります。ぬき出して答えなさい。（8点）

(10) ――線⑥「プロペラ機はもうこりごりだった」とありますが、「プロペラ機」がどうなったから「こりごりだった」のですか。本文中から連続した二文をさがし、初めの五字を答えなさい。（6点）

(11)「㋐」〜「㋔」に入る会話文として最もよいものを次から選び、それぞれ記号で答えなさい。ただし、同じ会話文は、くり返して使えないものとします。（15点・一つ3点）

ア「よし、ゼンはいそげ、だ。」

イ「そうだ。スパイ表をつくって、そいつが近づいてきたら、うんとけいかいしなくちゃいけない。」

ウ「そうなんだ。親にだって気をゆるしちゃいけないんだ。」

エ「スパイってやつは、ひみつをぬすむためなら、人殺しだってへいきなんだぜ。」

オ「スパイをふせぐには、スパイの正体を知ってなくちゃいけない。そのためには、スパイ表をつくって、いつも用心してなきゃいけない。そうだろ、徹？」

㋐（　　）㋑（　　）㋒（　　）㋓（　　）㋔（　　）

2 次の言葉は、手紙の時候のあいさつの一例です。それぞれ、「初春」「初夏」「初秋」「初冬」のうち、どの季節のあいさつですか。（20点・一つ4点）

① 朝夕はずいぶんすずしくなりました。（　　）

② 梅雨明けが待たれる今日このごろ…（　　）

③ 日差しもほんの少しずつあたたかく…（　　）

④ 寒さがひとしお身にしみるころとなりました。（　　）

⑤ 木々の緑が目にまぶしい今日このごろ…（　　）

論説文①（筆者の意見）

学習内容とねらい

言葉のつながり、言いかえに注意して、筆者の意見を読み取ります。読者に対して伝えたいこと、言いたいことは何なのかを読み取っていきましょう。

（　月　日）

標準クラス

1 次の文章を読んで、あとの問いに答えなさい。

君たちは、たとえば数学など、あんなに難しくって、将来に役にたちそうもないものを、なぜ勉強しなければならないんだ、と考えているかもしれない。数学は科学の基礎だとか、数学をやると頭が論理的になるとか、そういったことを言う先生もあるだろうが、ぼくはあまり、①そうしたことを言う気はない。

ひとつひとつについて考え出すと、学校の勉強はたいてい、あまり役にたたない。*源氏物語だって、*封建制だって、それを知らないと暮らせないわけではない。②人間として、全体として役にたつ、ぐらいのことしか言えない。それに、どれも難しい。

しかし若者というものは、役にたたなくても、難しくても、気に入ったらやるものだと思う。たとえば、君たちのなかには、ギターが好きな子がいるだろう。あんなもの、別に役にたたない。*コード進行なんて、結構難しい。楽譜が読めると将来に役にたちますとか、音楽は人の*情操を豊かにします、なんて学校の先生は言うかもしれないが、③音楽を好きになるのに、そんなことは関係ない。

よく、「やる気を出せ」などと言うが、身がまえして「やる気」などと言わねばならないのは、まず本物ではない。やるなと言われたって、のめり込んでしまうのが［　　］だ。

その点では、学校の勉強というのは、あまり*効能を言われすぎるから、いやになるのではないだろうか。マンガだって、毎週宿題で感想文かなんか書かされて、学期末にテストがあって内申書に点がついたりしたら、いやになることがあると思う。それを考えると、数学なんかそんな目にあいながら、それでも数学好きな子もいるのだから、ケナゲなものだと思う。

ぼくは、案外とリラックスして、マンガやテレビのようなつもりになったほうが、勉強とだってつきあえるのじゃないか、と考えている。どうせやるのなら、楽しまなきゃソンだから、勉強をマジメに考えるより、④面白半分ぐらいの気分でつきあったらどうだろう。

そうすると案外といいところが見えてくるものだ。小学校のころにダメだと、中学校でもダメだなどと、言う大人がよくいるが、そんなことはない。若い間は、のびちぢみがあったほうがよい。小学校でダメで中学校で急によくなったりするのも、おもしろい。

（森　毅「まちがったっていいじゃないか」）

*源氏物語…平安時代に紫式部が書いた長編小説。

*封建制…主君が家来に土地を分けあたえて、その土地の人々を支配した政治の仕組み。

*コード進行…曲のばんそうの和音構成を記号で表した、コードのならび方。

*情操…美しいもの、すぐれたものなどを素直に感じ取る、豊かな心。

*効能…よい結果をもたらす働き。きき目。

(1) ――線①「そうしたこと」とは、何を指していますか。わかりやすく答えなさい。

（　　　　）

(2) ――線②「人間として、全体として役にたつ」とありますが、筆者はどのように役にたつと考えていると思いますか。最もよいものを次から選び、記号で答えなさい。

ア 学校の勉強をすることによって、知識が増え、人生のいろいろな問題に対応できるようになる。

イ 学校の勉強をすることによって、源氏物語や封建制を人に教えることができるようになる。

ウ 学校の勉強をすることによって、難しい漢字が読めるようになって、どこに行っても困らないようになる。

エ 学校の勉強をすることによって、科学が発達し、人類全体を救えるようになる。

（　）

(3) ――線③「音楽を好きになる」のはなぜですか。その理由として最もよいものを次から選び、記号で答えなさい。

ア 音楽は人の情操を豊かにするから。

イ 役にたたなくても、難しくても、気に入っているから。

ウ 楽譜が読めると将来に役にたつから。

エ コード進行を覚えたいから。

（　）

(4) □に入る漢字二字の言葉を本文中からさがし、ぬき出して答えなさい。

(5) ――線④「面白半分ぐらいの気分」とは、何をどのようにすることですか。本文中の言葉を使って答えなさい。

（　　　　）

ハイクラス

時間 25分　合かく点 75点　得点　点　（　月　日）

1 次の文章を読んで、あとの問いに答えなさい。

人類が文化を楽しむためにでてくる副産物は、二酸化炭素だけではありません。エネルギーを使うとかならず出てくる熱の問題もあります。また世界の原子力発電所から出るゴミも、年々増えつづけています。これから何十万年にもわたって＊放射線や熱を出しつづけるこのゴミをどうするのか、これも大きな問題です。

フロンガスの話を聞いたことがあるでしょう。工場や、また家庭でも冷房や冷蔵庫や自動車やスプレーに使われているフロンが、使われたあとに空気のなかを上がっていって、地球をとり巻いている＊オゾン層を破壊するという問題です。じつはフロンは大発明でした。工場で半導体をきれいにするためや冷房機の＊冷媒としては、フロンほど性能がよくて安いものはなかったのです。さわっても吸いこんでも身体に大きな悪影響があるわけではなかったので、人体に無害だとさえいわれた新製品だったのです。

以前はよく使われたのに、騒がれて使用禁止になったＰＣＢという＊絶縁油も①同じでした。電気の変圧器に入れる電気絶縁のための油としては、ＰＣＢほど安くて性能がよい製品はなかったのです。人体にふれたときだけが猛毒だったのです。そして、すでにつくられてしまったＰＣＢは、いまでは環境汚染を引き起こしています。

ここにはむずかしい問題があります。いままでよりさらに文化的な生活をいとなむために人類はこうして資源を使い、副産物やゴミを出しながらつぎつぎに新製品をつくって利用してきました。自分たちの都合だけで、いわば②狭い意味の文化を追いもとめてきたのです。このときに科学や技術は＊錦の御旗でした。つまり科学や技術は無条件で正しいものだったのです。

しかし、地球全体とか地球の将来についても考えなければならない時代がきたのではないか、それを考えることが、いわばひろい意味での文化なのではないだろうか、ということなのです。科学や技術は有力な手段ではありますが、こういった問題は科学や技術が自分で考えてくれるわけではありませんし、科学者や技術者だけが考えればいい問題ではありません。地球に住む③みなさん一人一人が考えるべき問題なのです。

そして、地球を考えるときには、空気や水のことだけを考えていてはいけないのです。前に地球は内部にある核から地表、そして大気まで一つながりのものとしてつくられた、つまり、一つの家族なのだという話をしました。地球は一つの運命共同体なのです。地球の問題を考えるときには、地球全体を考える必要があるのです。

地球は「人類の財産」です。いや地球は「地球の財産」だというべきかもしれません。この財産を山分けして都合のいいように使いつくしてしまうのか、それとも人類や地球の資産として未来のために生かせるのか、④そういった人類の知恵が試されているのが地球の将来なのです。

（島村英紀「教室ではおしえない地球のはなし」）

＊放射線…粒子線や電磁波。生物に有害な影響をあたえる。
＊オゾン層…太陽からの紫外線を吸収する役目を果たす層。
＊冷媒…熱を温度の低いところから高いところへ移動させるために使用される物質。
＊絶縁油…電気や熱が伝わらない油。
＊錦の御旗…だれにも反対できない、立派な口実。

(1) 第一段落の要点をまとめた次の文の（　　）に入る言葉を、それぞれ十五字以内で答えなさい。（30点・一つ15点）

・人類が文化を楽しむために出てくる副産物は、二酸化炭素の問題だけでなく、（　㋐　）と（　㋑　）の問題がある。

㋐

㋑

(2) ——線①とは、どういう点が同じなのですか。最もよいものを次から選び、記号で答えなさい。（10点）

ア 人類の活動が地球全体に影響をおよぼし、地球の資源を使いつくしてしまうかもしれないという点。
イ 人類が自然を利用したいだけ利用して、現在の文化をつくり出したことで、むずかしい問題が出てきた点。
ウ 人類が文化を楽しむためにつくり出されたものから、地球にとって有害なものが生じるという点。

（　　）

(3) ——線②とは、どういう文化ですか。「人類」「資源」「新製品」の三つの言葉を必ず使って説明しなさい。（20点）

（　　　　）

(4) ——線③とありますが、何について考えるべきなのですか。本文中から十一字でぬき出しなさい。（20点）

(5) ——線④とは、どんな知恵ですか。本文中の言葉を使って答えなさい。（20点）

（　　　　）

20 論説文②（意見の理由）

（　月　日）

学習内容とねらい
読者に伝えたい筆者の意見には、必ず理由・根拠があります。理由・根拠となる事実と意見を区別しながら、ていねいに読み取っていきましょう。

標準クラス

1 次の文章を読んで、あとの問いに答えなさい。

日本人の日本語能力をくらべると、外国人のぼくから見ても人によって雲泥の差があります。非常にきれいに言葉をよく選んで使う人もいれば、いつも「あれ」「これ」「それ」「だってさー」というように話している人もいます。

ただ、年配の人がよく最近の若い人は①言葉づかいがきたないとか、話し方がよくないと言いますが、その背景にひとつ隠れていることがあります。それは、世の中のすべてのスピードが速くなったということです。生きるスピードが非常に上がってきました。それとともに、結局、話をするスピードも上がってきました。

よく言われることですが、NHKの今のニュースと四十年前のニュースをくらべてみると、一分間で話している単語の数がぜんぜんちがいます。いまのニュースのほうがずっと多い。スピードを争う時代では会話も速くないとだめなのです。Ⓐ、相手に何か言われたらすぐさま答えなければならないから、②頭のなかでじっくり考えている余裕はありません。ともかく「スゴーイ」「カワイーッ」「ヘェーッ」、そういう言い方でかたづけてしまうのです。

書くときもそうです。年賀状だって、時間もあまりないから結局、みんなに同じことを書いて出してしまうのがほとんどです。Eメールでは、相手のメールを読んだら③「返事」というボタンを押してすぐにも返事ができるから、ゆっくり考えるひまもないのではないかと思います。

Ⓑ、効率をあげるかわりに、言葉の質が落ちてしまうのです。どちらがいいのかという価値判断はできないかもしれません。でも、ぼく自身は昔風の人間だからかもしれませんが、きれいな言葉を選んで使ったほうがずっといいと思います。

（ピーター・フランクル「ピーター流外国語習得術」）

＊雲泥の差…物事がはなはだしくかけはなれているたとえ。

(1) Ⓐ・Ⓑに入る言葉として最もよいものを次から選び、それぞれ記号で答えなさい。

ア しかし　イ つまり

ウ そして　エ なぜなら

Ⓐ（　　）Ⓑ（　　）

(2) ――線①「言葉づかいがきたないとか、話し方がよくない」とありますが、この内容を簡単にまとめた表現を、「～いる。」につながる形で本文中から八字でさがし、ぬき出して答えなさい。

□□□□□□□□いる。

(3) ――線②「頭のなかでじっくり考えている余裕はありません」とありますが、筆者は、そのようになった理由をどう考えていますか。

（　　　　）

(4) ――線③「ゆっくり考えるひまもないのではないか」とありますが、筆者がそう考える根本的な原因が書かれている部分を本文中から二十五字以内でさがし、ぬき出して答えなさい。

(5) 本文中の筆者の主張と合うものを次から一つ選び、記号で答えなさい。

ア 話す速度が上がったことで、考えるひまなく言葉を口にしているが、もう少しゆっくり考えて言葉を使うべきだ。

イ 日本人の日本語能力が低下したのはEメールなどコンピュータが原因なので、使用回数をへらしたほうがよい。

ウ 外国人から見ても、若い人の話し方はよくないので残念だが、スピードを争う時代なのでしかたがないだろう。

エ 効率をあげることを優先したために言葉の質が落ちているので、きれいな言葉を選んではいられないのが日本の現状だ。

（　　）

ハイクラス

時間 25分　合かく点 75点　得点 点　（　月　日）

1 次の文章を読んで、あとの問いに答えなさい。

先年、あるところで、「うそも方便」ということばについてどう思うか、という調査をした。調査に当たった人たちの予想では、たぶん、若い世代は、たとえ方便にしてもウソなどつくのはよくない、と考える人が多いであろう。それに対して、年配の人は、人生の経験もあって、ときにウソをつく必要もあるのを認める人が少なくないに違いない、という見当をつけた。

Ⓐ、結果はこの予想をまったくくつがえした逆のものであった。若い人、ことに二十歳前後の人たちが男女共に最も多く、七〇パーセント前後の人が「うそも方便」を肯定した。そして、年齢が高くなるにつれて、この数が減っていって、六十歳を越える年齢層では、その半分くらいしか認めない。Ⓑ、本当のことを言わなくてはいけない、と答えたのである。年配者の方が道徳的に建前の答えをし、若い人たちが現実的な本音で答えたのかもしれないが、①別の考え方もできる。

本当のことを言わなくてはならない。ウソが人に迷惑をかけたり、問題を起こすような場合には、そのとおりである。しかし、「うそも方便」というときのウソは、そういう重大な不都合を生じるようなものではない、という含みがある。医者が患者に病名を告げる。「××ですよ。治る見込みは、まずないでしょう。」仮に、これが科学者としての良心が言わせることばであっても、言われた患者はどんなショックを受けるかしれない。そこで、医者は「△△ですね。すこし長くかかるかもしれませんが、頑張ってください。」というようにやわらげる。「××」を「△△」と言うのは明らかに正しくない。しかし、病気を治療するのではなく、病人を治療するのが医療ならば、このウソは許される。

アメリカあたりでは、そういう治療を認めないようで、多くは、病名を②ありのまま直接的に言う。アメリカの患者はそれに耐える強さをもっているのであろう、と想像していたが、先ごろのアメリカの医学界雑誌の報じるところによると、不治の病を告知された患者は、その日から急速に症状が悪化する場合が少なくないのに対し、告知を受けていない患者の進行ははるかに*緩慢だ、という。やはり、病人にとって、「方便のうそ」はありがたいのである。心身に打撃を与える真実より、勇気を失わせないウソの方が道徳的である。

「うそも方便」はよろしい、と答えた七〇パーセントの若い人たちが、そこまで考えているのかどうかは分からない。けれども、いまの若い人がことばについてデリケートな感受性をもっている、という見方はできる。このごろの若い者のことばはどうだ、と眉をひそめる年配者の方が、むしろことばについて神経が粗雑なのかもしれない。ひとこと多いのは中年以上に目立つ。それに対し、いまの若い人がことばについてデリケートなのは、一つには若い人たちの育った時代が、戦中戦後の荒々しい時代に比べて穏やかになったということがある。また、教育の普及ということもことばへの感受性を高める。教育とは、要するにことばによる知的洗練である。テレビ、ラジオ、電話などを通して、話しことばに接することも多くなっている。そういう時代に育った若い人は、それだけことばに傷つきやすくなっている。 Ⓒ 、人に不快を与えまいとする。そのためだったら、「うそも方便」はむしろ当然となるのである。

若い人たちが話しているのを聞くと、いかにも乱暴な口をきいているようでありながら、その実、相手の触れてほしくないところは、巧みに避けている。マジなことは相手の痛いところを刺激するおそれがあるから、あたりさわりのない話に花を咲かせている。注意して聞いていると、案外、心優しき話者なのである。

（外山滋比古「ことばと人間関係」）

＊緩慢…緩やかで、おそい様子。　＊粗雑…大ざっぱで、いいかげんな様子。

＊洗練…みがき上げて、よりすぐれたものにすること。

---

(1) Ⓐ ～ Ⓒ に入る言葉として最もよいものを次から選び、それぞれ記号で答えなさい。（24点・一つ8点）

ア したがって　**イ** ただし　**ウ** ところが　**エ** つまり　**オ** また

Ⓐ（　　）Ⓑ（　　）Ⓒ（　　）

(2) ——線①とありますが、若い人たちについて、筆者はどのような考え方をしているのですか。それがまとめて書かれている一文を本文中からさがし、初めの四字をぬき出して答えなさい。（20点）

(3) この文章で、——線②とほぼ同じ意味を表す言葉として使われているものを本文中からさがし、二字でぬき出して答えなさい。（20点）

(4) 本文中で筆者は、いまの若い人が「ことば」についてデリケートになった要因を三つ挙げています。それぞれどのようなことですか。簡単にまとめなさい。（36点・一つ12点）

（　　）
（　　）
（　　）

伝記文

（　月　日）

学習内容とねらい

ある人の一生や功績を記したものが伝記です。その人が生きた時代背景や、どんな経験をして何を学んだかを読み取っていきましょう。

標準クラス

1 次の文章を読んで、あとの問いに答えなさい。

ヘレンの食事どきのぎょうぎといったら、お話にも、(　　)くらいひどいものだった。

ヘレンはスプーンでたべることも知らなかった。食堂の自分のいすにすわりもしないで、テーブルのはしをつたって、あるきまわり、だれのお皿からでもかまわず、手づかみで、ものをとってたべるのだった。

両親は、それをゆるしていたのである。ヘレンがまだ小さいころは、いっしょに食事にまねかれた人たちも①それをおもしろそうに見ていた。まるで、子イヌが、たべものをあさってあるくようなようすだったからである。

そして、いまはもう七つにもなっていたのに、あいかわらず、ヘレンは小さいころとおなじことをやっているのだった。それなのに、両親はすっかりなれっこになってしまっていて、②なおそうともしない。

ヘレンが、他人のお皿からたべものをとって、むしゃむしゃやっても、両親は平気で話をしているというありさまである。

その日の朝もそうだった。

ヘレンは、サリバン先生のお皿に手をさしだすと、たまごやきをつかもうとした。とたんに、サリバン先生は、その小さな手をはらいのけた。

ヘレンは、また手をのばして、つかもうとした。すると、サリバン先生は、こんどはその手をぴしゃりとつよくたたいた。

ヘレンは、けだもののような声をあげると、いきなり床にひっくりかえって、手足をバタつかせながら、あばれはじめた。自分の思うとおりにいかなかったので、またいつものかんしゃくが、はじまったのだ。

③主人のケラーさんとおくさんは、おそろしそうな顔をしたまま、ひとこともいわず、そのようすを見まもっているばかりである。

サリバン先生はヘレンのそばへいくと、だきおこして、ヘレンの席につれていき、いすにすわらせた。ヘレンは、すわるまいとして、足をバタバタやってはあばれようとする。しかし、サリバン先生は、しっかりヘレンをおさえつけて、動かさない。

「心配することはありません。これは、ちょっと、かんしゃくがおこっただけなのですから――」

（バージニア・ポーター作・白木茂訳「奇跡の人ヘレン=ケラー」）

(1)（　　）に入る言葉として最もよいものを次から選び、記号で答えなさい。

ア どうにもならない

イ おわらいにもならない

ウ なにもならない

エ おしゃべりにもならない

（　　）

(2) ――線①「それをおもしろそうに見ていた」について、次の問いに答えなさい。

① 「それ」が指している内容が書かれている一文を本文中からさがし、初めと終わりの五字を答えなさい。

□□□□□ ～ □□□□□

② 食事にまねかれた人たちが、「それをおもしろそうに見ていた」のは、なぜですか。その答えにあたる一文を、本文中からぬき出して答えなさい。

（　　）

(3) ――線②「なおそうともしない」とは、だれの何をなおそうとしないのですか。

（　　）

(4) ――線③「主人のケラーさんと……見まもっているばかりである」での、ケラーさんとおくさんのサリバン先生に対する気持ちとして最もよいものを次から選び、記号で答えなさい。

ア いったい何をしようというのだろう。ヘレンの相手はしないでほしいのに。

イ これでヘレンのわがままがなおるといいんだけど、サリバン先生お願いしますよ。

ウ 食事中に、なんてさわがしい。サリバン先生もおぎょうぎの悪い人だ。

エ まあヘレンがかわいそうに。サリバン先生は、もっとヘレンの自由にさせてくださったらいいのに。

（　　）

ハイクラス

時間 25分　合かく点 75点　得点 　点　（　月　日）

1 次の文章を読んで、あとの問いに答えなさい。

子ヒツジは母ヒツジに近づき、首をのばして鼻先でふれようとしました。若い母ヒツジは鼻先をのばして、クンクンと子ヒツジのにおいをかぎました。みんなは、母ヒツジが喜んで乳を飲ませるだろうと思いましたが、意外にも、子ヒツジを軽くけるしぐさをして、子ヒツジからはなれていってしまいました。母ヒツジはそれっきり、子ヒツジに関心をむけません。いったい、どうしたのでしょう。母ヒツジに子ヒツジを受け入れる気がないなんて？　でも、人間が母ヒツジの関心を子ヒツジにむけさせるという、これほどの難問はありません。途方に暮れるとは、まさにこのようなことでした。またしても緊急の事態でした。

ふたたびヘンリーとシートンが、テリーの丸太小屋に走りました。①大変な事態になったことを話した二人に、テリーは「あんたがた、子ヒツジをさわったんじゃないのかい？」と、（　Ⓐ　）な目で聞き返しました。

「はい、そうしました。みんなで、からだをふいてあげました」と、二人は答えました。

「なんてばかな！　母子には手をださないで、そっと、したいようにさせておくってことがたいせつなんだ。母ヒツジはあんたがたの手のにおいが嫌いでな。そんなにおいがついた子ヒツジは、自分の子とは思えなくなってしまうんだ」

「あーあっ、そうだったんだ。どうしよう。ぼくたち、とんでもないことをしてしまったのですね。でも、なんとかいい知恵はありませんか？　このままじゃ、子ヒツジは死んでしまいます」

テリーはしばらく口をひらきませんでした。どういったらいいかと考えていたようです。そして、ふたたび貴重な知恵を伝えてくれました。「それではな、まず母ヒツジに、もう一度たっぷり水を飲ませろ。食べ物はいらない。こんなときは、食べないしな。それから切れるナイフで、母ヒツジの耳をすっと切ってな、血をぬぐいとる。そいつを子ヒツジのからだにこすりつけろ。それから今度は、母ヒツジの鼻の穴にな、ほんのちょっと傷をつける。ほんのちょっとだぞ。

血がぽろっとでる。そうしたら、一人がイヌを一匹連れてこい。どんどん近づけて、母ヒツジがイヌのにおいをかぐようにするんだ。そこんとこで、もう一人が、子ヒツジの鳴き声をまねてミューッて、ひと声たてるんじゃ」

ヘンリーとシートンはまたまたとんで帰り、テリーに言われたとおりにしました。そのときのことを、シートンは八〇歳のときに書いた自伝に、「年をとったいまも、まるで②劇中の一場面をみるかのように、生き生きと思い起こす」と書いています。

じっさい、やったことは劇のようでした。テリーが教えてくれたとおり、母ヒツジの血をとり、子ヒツジのからだにつけたうえで、イヌを近づけ、そして子ヒツジをまねてミューッといっただけです。血を流した母ヒツジはイヌへの恐怖から、子ヒツジを守ろうとする＊母性本能を刺激されたのでした。母ヒツジは子ヒツジに近づきイヌから守ろうとしました。

この瞬間、母子を＊へだてていた、見えない壁が取りのぞかれました。その日、暗くならないうちに、母ヒツジは子ヒツジに乳をあたえていました。そして夜には、母ヒツジにからだをくっつけて、子ヒツジは（　Ⓑ　）に眠っていました。

（今泉吉晴「シートン」）

＊母性本能…女性がもっているとされている、母親として子を守るなどの本能や性質。
＊へだてる…心理的な距離を設ける。遠ざける。

(1) ――線①について、次の問いに答えなさい。

① 「大変な事態」が指す内容を本文中から十九字でさがし、初めと終わりの五字をぬき出して答えなさい。（20点）

〜

② 「大変な事態」は、何が原因で起こったのですか。四十字以内で答えなさい。（30点）

(2) （　Ⓐ　）・（　Ⓑ　）に入る言葉として最もよいものを次から選び、それぞれ記号で答えなさい。（20点・一つ10点）

ア つらそう　イ あたたかそう　ウ やさしそう
エ かなしそう　オ うたがわしそう

Ⓐ（　　）Ⓑ（　　）

(3) ――線②「劇中の一場面」とありますが、これを次のようにまとめるとき、（　　）に入る言葉を本文中からそれぞれ十字以内でさがし、ぬき出して答えなさい。（30点・一つ15点）

・（　㋐　）なくなった母ヒツジが、イヌから（　㋑　）としたできごと。

㋐

㋑

チャレンジテスト⑧

時間 40分　合かく点 75点　得点　　点　　月　　日

1 次の文章を読んで、あとの問いに答えなさい。

①化学肥料は、作物に必要な成分を与えるということだけを考えてつくられた肥料です。土のことまでは考えられていないわけで、土が悪くなると、こんどは＊土壌改良剤という、べつの化学物質が必要になってきます。

足りないものをおぎなうことは、かんたんにできます。しかし、このようにして土に＊蓄積された化学物質をとりのぞくことは、＊至難といわれるほど困難です。

②これではいけない、というので一部ではじめられたのが、＊有機栽培です。作物を育て、実りを人間がうばうだけでは、③土はやせてしまいます。そこで、肥料というお返し(還元)が必要になるのですが、手っ取りばやく化学肥料を与えても、「土へのお返し」にはならなかったわけです。

それならば、土を使わない農業にしてしまえばよい、と思う人もいるでしょう。しかし、事はそれほどかんたんではありません。＊廃棄物という、べつの問題がおこるからです。

作物を収かくしたあとには、よぶんな葉や根や切り株が大量に残ります。畑なら、それを土にすきこめば、自然に分解されて土に返ります。しかし、土を使わない農業では、病虫害を防ぐために、焼却したり、どこかに捨てなければなりません。量が多くなると、④それがむずかしくなります。

ビニールハウスのビニールも、数年で老化してゴミになります。土のかわりに使われるトレーやパネル、水槽なども⑤そうです。ですから、土を使わない農業は、地域全体、国全体の農業には、なりえないのです。

化学肥料以前の農業では、外から入ってくるものは、太陽の光だけでした。田畑でつくられた作物は、最終的には＊堆肥として土にもどされ、ふたたび作物をつくるのに役立てられました。そこでは、生産―消費―還元という、循環の輪がなり立っていました。したがって、ゴミも出なければ、公害もおこりませんでした。

化学肥料や農薬は、こういう自然界の物質循環の中に、外から持ちこまれた異質のものです。ですから、適切に使われているうちはよいのですが、それにたよりすぎると、さっきのべたようなさまざまな問題がおきてきます。

生産―消費―還元の輪もこわれます。取り入れのすんだ田んぼでは、稲わらが焼かれて煙害をおこしています。

家畜のふんや敷わらも、しまつに困る廃棄物になりました。

それらは、以前は人間が手をかけて、⑥良質の肥料につくりかえていました。しかし、その過程でほんとうに働いているのは、人間ではなく、無数の微生物です。微生物は、*有機物のわらやふんを分解し、植物が利用できる*無機物に変えてくれるのです。

有機物は植物が無機物からつくり出したものです。ですから、有機物を無機物に分解する微生物の働きを「還元（もとにもどす）」といい、そういう働きをする微生物や土壌動物を、「還元者」といいます。

森林は天然の肥料の工場です。そこでは、「還元」がひとりでに「生産」に結びつくので、森の木々は、人間が肥料をやらなくても育ちます。⑦一部は川によって海に運ばれ、海藻まで育てます。しかし、農業は、人間が実りをうばう産業です。ですから、「還元者」に肥料をつくらせ、それを「生産」の場に運ぶのは人間の役目です。人間が「還元」を「生産」につなぐことによって、はじめて生産—消費—還元の輪が完成するわけです。

生態学に見られる、この「還元」や「循環」という物の考え方は、資源とゴミの両面から、今後ますます重要になってくるはずです。

⑧廃棄物は、現代社会が直面している、もっとも深刻な問題の一つです。

私たちは、ゴミを回収に出して自分の家が片づくと、それっきり、ゴミのことを忘れてしまいます。

しかし、そのようにして集まってきたゴミをどうするかは、じつは大きな問題です。

石油文明は、土にかえられないゴミを、大量につくり出しました。それを、無害な形で土に返すことは、そういうものをつくり出した人間の責任です。

金属のような、土に返すことのできないものは、リサイクルすることが求められていますが、複雑な素材でできている自動車や家電製品や通信機器のゴミを、もとの資源の形にもどすことは困難です。しかし、それをやらなければ、モノづくりの産業もいきづまります。

こわれてしまった還元の部分を修復すること。失われた循環をとりもどすこと。地下から大気の中にときはなった二酸化炭素を、森林にして固定すること。それが二十一世紀の課題です。

（河津千代「だれが山を守るのか」）

*土壌…土のこと。
*蓄積…たくわえて、だんだん多くしていくこと。たまること。
*至難…とてもむずかしいこと。
*有機栽培…化学肥料を使わずに自然の肥料を使った農業。
*廃棄物…いらなくなって捨てられるもの。
*堆肥…自然に発酵・腐敗させてつくられた肥料。
*有機物…生物によってつくられた物質。
*無機物…水や空気、鉱物などを原料にしてつくられた物質。

(1) ——線①「化学肥料」について、次の問いに答えなさい。

① どのような肥料ですか。本文中から三十字以内でさがし、ぬき出して答えなさい。(8点)

② どのような問題点がありますか。次の〔　〕に入る言葉を、指定の字数にしたがって、本文中からそれぞれぬき出して答えなさい。(12点・一つ4点)

・〔㋐ 一字〕のことまで、〔㋑ 八字〕ので、土が悪くなると、〔㋒ 七字〕が必要になってくる点。

㋐

㋑

㋒

(2) ——線②「これではいけない」とありますが、どのようなことが「いけない」のですか。その内容として

ふさわしくないものを次から一つ選び、記号で答えなさい。(8点)

ア 化学肥料が、作物に必要な成分を与えるためだけにつくられていること。

イ 土が悪くなったからといって、足りないものをおぎなうために、べつの化学物質を使うこと。

ウ 土にたまった化学物質をとりのぞく有効な方法が、まだ見つかっていないこと。

エ おいしい作物をつくるために、たくさんの化学肥料を使うこと。

(　)

(3) ——線③「土はやせてしまいます」とは、どういうことですか。最もよいものを次から選び、記号で答えなさい。(8点)

ア 病虫害が土の中で広がること。

イ 土の量がへってしまうこと。

ウ 土に作物を育てる力がなくなってしまうこと。

エ 土の中の水分がへってしまい、すなになってしまうこと。

(　)

(4) ——線④「それ」とは、どのようなことを指してい

ますか。本文中の言葉を使って、三十字以内で答えなさい。（10点）

(5) ――線⑤「そう」とは、どのようなことを指していますか。本文中の言葉を使って、十五字以内で答えなさい。（10点）

(6) ――線⑥「良質の肥料」は、何によってつくられますか。本文中から二十字以内でさがし、ぬき出して答えなさい。（8点）

(7) ――線⑦「一部」とは、何の一部ですか。（8点）

（　　　　）

発てん
(8) ――線⑧「廃棄物は、現代社会が直面している、もっとも深刻な問題の一つです」とありますが、なぜ廃棄物は「問題」となるのですか。「還元」と「循環」という言葉を用いて、説明しなさい。（12点）

（　　　　）

(9) 次の文のうち、本文の内容と合うものには○を、合わないものには×を書きなさい。（16点・一つ4点）

ア 植物が無機物から有機物をつくり出すことを「消費」、微生物が有機物を分解して無機物をつくり出すことを「生産」という。（　）

イ 大量の廃棄物をゴミとして処理するだけでなく、それを資源のかたちにもどすことが人間の責任である。（　）

ウ 二十一世紀の課題は、金属のような、そのままでは土に返すことができないものでも分解できるような微生物を発見することである。（　）

エ 私たちはゴミを回収に出すと、それっきりゴミのことを忘れてしまうが、じつは無数の微生物がそのゴミをリサイクルしている。（　）

22 随筆文①（出来事・体験）

（　月　日）

学習内容とねらい
筆者が何を体験したのかを読み取りつつ、その体験から何を感じ取ったのか、何を考えたのかを読み取っていきましょう。

標準クラス

1 次の文章を読んで、あとの問いに答えなさい。

　友人の家でフグちりのナベを囲んで、ワイワイ楽しく飲んでいたら、突然、口中に異変が生じた。「おや」と舌の先で探り、次のしゅん間、「まさか」「やっぱり」「やれやれ」と順番に考えた。一しゅんの内に心配しおそれる気持ちがわいて、事実をさとり、あきらめに至った。我ながらなかなか頭の回転が早いように思われる。

　で、食事中にお行儀がよくないけれど仕方がない、「おい、歯が取れたよ」と口から出してみる。昨年の春まだ寒いころ、前向きにばったり転んだ。その時パキッと折れた前歯を、歯医者さんにくっ付けてもらったのだが、それがはずれている。

　石屋は、石の目を見てたが*ねを当て、石を割るらしいが、私の歯にもそういう目のようなものがあるらしく、真横に、ではなく、板がさけるように、ななめにきれいに割れている。

　どうして転んだか、と言えば、いばるわけではないがもちろんよっていたからで、急な坂道を下っていたら、新しいくつのくつ底が、すべり止めに造ってある路面のおうとつに引っかかりぺろんとはがれて足をとられた。反対の方の足がくつずれで、痛くて、痛くてそろりそろり歩いていたからひとたまりもなくバタンとたおれた、という次第。両の手のひらと、鼻と前歯が、たたきつけられた全体重を支えた格好になって、そのときは一しゅん何が何やらわけがわからずよろよろと立ちあがっていろいろ点検してみると、前歯が一本、ぐらぐらしているのが舌の先でわかった。鼻をおさえると根元が痛く、両の手のひらがひりひりする。

　深夜のことで、だれも見ていなかったのは好都合であったが、すぐに歯医者に行けないのは不都合であった。

　私には、こういう時、絶対的に信頼を置いている歯医者さんが赤羽にいて、出来るだけ神経をぬいたりしないで、歯を生かしたままの治療をしてくれる。この時も接着剤で付けて、元どおりどころか、以前よりずっときれいにして直してくださった。［　　］、それが一年近くたって突然とれた、というわけなのである。

（奥本大三郎「かじる」）

*石の目…割れやすいポイント。石材にはすべてこのような目が一方向にある。

*たがね…金属を切断したり、けずったりするのに用いる工具。石を割るのにも用いる。

(1) ――線「『まさか』『やっぱり』『やれやれ』」とありますが、このときの筆者の心の動きが書かれている一文を本文中からさがし、初めの五字を答えなさい。

(2) 筆者が歯を折ったのは、いつのことですか。本文中から十字でさがし、ぬき出して答えなさい。

(3) 筆者が歯を折った理由を次のようにまとめるとき、（　）に入る言葉を、指定の字数にしたがって、本文中からそれぞれぬき出して答えなさい。

・（ア 五字）ときに（イ 八字）転んで、前歯を路面に（ウ 五字）たから。

ア

イ

ウ

(4) 筆者が歯を折った時間には、よい点と悪い点がありました。それぞれどんな点ですか。本文中の言葉を使って、わかりやすくまとめなさい。

・よい点
（　　　）

・悪い点
（　　　）

(5) □に入る言葉として最もよいものを次から選び、記号で答えなさい。

ア つまり　イ しかし　ウ あるいは　（　）

時間 25分　合かく点 75点　得点 点

（　月　日）

1 次の文章を読んで、あとの問いに答えなさい。

①夏休みが終わりに近づいたある晩、いつものように花火の最後を鼠花火でしめていると、一つ年上の②ゆうちゃんという男の子がふといたずら心を起こし、私のほうに花火を投げてきた。そんなことには慣れっこの私はすぐにピョンと脇に飛びのいたのだが、あいにく、その日はロングスカートをはいていて、すそに花火をひっかけてしまったのだ。シュルシュルと音がして、足もとから熱いものが吹き上げてきた。急がなければ花火が破裂して大火傷をしてしまう。私はスカートをたくし上げながら思い切りキックして、もう一度飛び上がった。何十センチか離れたところに着地したとき、パンッ、とすぐ近くで花火が弾けた。

「助かった！」

みんなもほっとため息をついた。しかし、スカートには、手が入るくらいの大穴があいている。

「ごめんなさい」

ゆうちゃんがていねいに私にあやまった。

後片付けがすむと、彼は私の手を引いて家のブザーを押した。母が出てくると彼は気をつけをしてことの顛末*を話し、最後に

「ぼくが悪いことをしました。ごめんなさい」

とおじぎをした。うそも言いわけもしない、そのままの報告だ。

「えらいわね、よく話してくれて。どうもありがとう」

と母に言われ、ゆうちゃんはほっとしたように黙った。

「また遊ぼ」

と私が言うと、みんなも安心して帰っていった。本当は、正直にあやまってくれたゆうちゃんに、③私も

「ありがとう」

と言いたかった。

いま思うと、④命を傷つけずに遊ぶためのルールや、弱い仲間を守る気持ちを教えてくれたのかもしれない。この日以来、花火はいつのまにか私の夏に欠かせない音の一つになっていった。

（三宮麻由子「そっと耳を澄ませば」）

＊顛末…初めから終わりまでのありさま。事のいきさつ。

(1) ――線①「夏休みが終わりに近づいたある晩」の話は、どこまで続いていますか。終わりの五字をぬき出

して答えなさい。（、や。も一字とします。）（15点）

(2) ――線②「ゆうちゃんという男の子」について、本文の内容と合うものを次から一つ選び、記号で答えなさい。（15点）

ア 花火を投げたり投げられたりすることに慣れている。

イ 花火を投げるときにも相手のことを思いやる、やさしい子である。

ウ 相手にけがをさせることを何とも思っていない。

エ いたずら心から悪いことをすることもあるが、自分の非をいさぎよくみとめることができる。

オ 女の子への接し方がわからず、ついいじめてしまうところがある。

（　　）

(3) ――線③「私も『ありがとう』と言いたかった」とありますが、どのようなことに「ありがとう」と言いたかったのですか。本文中の言葉を使って、十五字以内で答えなさい。（15点）

(4) 子ども時代の花火の経験から、筆者は何を学んだと考えていますか。本文中から三十字以内でぬき出して答えなさい。（20点）

(5) ――線④「命を傷つけずに遊ぶためのルール」とありますが、どのようなことですか。次の（　）にあてはまる言葉を、考えて答えなさい。（15点）

・やけどをするので、花火を（　　　　）いけない。

発てん
(6) 筆者はおさないころから目が不自由でしたが、それでも毎年夏には花火を楽しんできました。では、筆者はどのような楽しみ方をしたのですか。本文中の言葉を使って、二十五字以内で答えなさい。（20点）

随筆文②（筆者の思いや考え）

〔　月　日〕

学習内容とねらい

体験をもとに、筆者が何を考え、どのような意見を持つようになったのかを読み取ります。筆者の意見が書かれている最後の部分は、注意深く読みましょう。

標準クラス

1 次の文章を読んで、あとの問いに答えなさい。

犬を飼うたのしみの一つは、こんなふうに思いがけず①犬の才能を発見して、それを何度でもやらせることだ。

ハラスがものをくわえて運ぶかどうか、その後買い物に行ったときなぞためしてみると、小さめの袋に入れたものぐらいならくわえたまま家まで持ってくる。駅前の人ごみの中をそうやって犬がくわえて運ぶのを見ると、

「まあ、［　　］ワンちゃんね。」

と人がほめたりするが、そういうときはほめられたのがわかるようで、なおさらすまして歩いてゆく。ほめられればこっちのほうもなんとなく②鼻がぴくぴくするぐらいの気持ちになるし、その点ハラスという犬はなかなか飼い主のご自慢の犬になったのだった。

そしてそういうことがあってから、犬というのはかなり人間の言葉がわかるのではないかと思うようになった。ハラスがいるところでハラスのことを話題にしているときなど、ほめられているか、けなされているかが、どうもわかるらしいのだ。ほめられているときはいかにも得意げな顔つきになる。悪口を言っているときはなんとなくつまらなそうな顔になる。

人間の子供でもそうだけれども、自信を持たせ、才能をのばしてやるには、なんといってもほめてやることが第一だ。しかってばかりいては心がかじかんでしまってのびるべき才能ものびない。

きみは本阿弥光悦という人の名前を知っていますか。これは安土桃山時代の人で、書でも陶芸でも*蒔絵でも、国宝級のものをつくり出した天才だけれども、③そのめぐまれた才能をのばしたのはその母親の妙秀だった。

妙秀は子供を育てるのに、子供が少しでもよいことをすると、ことのほかよろこんでほめた。幼い子は心が*かじけないように、心のいさむようにしてやるのが大切だといって、子供を力づけ元気づけてやった。これは子供を甘やかすのではない。しかるときはしかり、子供のい

い面をのばしてやろうとしたのだ。人間でも犬でも賞賛(しょうさん)*は自信を持たせる一番のくすりなんだ。

(中野孝次(なかのこうじ)「ハラスよ!!ありがとう」)

＊蒔絵…うるしの上に金粉(きんぷん)、銀粉をまいて、もようをつける工芸(こうげい)。
＊かじける…かじかむ。こごえて動かなくなる。
＊賞賛…ほめたたえること。

(1) ――線①「犬の才能」について、次の問いに答えなさい。

① 筆者の飼っている犬の名前を、本文中からぬき出して答えなさい。
（　　　）

② その犬にはどのような才能があるのですか。「〜才能。」につながる形で、本文中から九字でぬき出して答えなさい。

□□□□□□□□□ 才能。

(2) □に入る言葉として最(もっと)もよいものを次から選(えら)び、記号で答えなさい。

ア きれいな　イ きたない
ウ 感心な　エ おかしな
（　　　）

(3) ――線②「鼻がぴくぴくするぐらいの気持ち」とは、どのような気持ちですか。最もよいものを次から選び、記号で答えなさい。

ア はずかしいような気持ち。
イ あきれたような気持ち。
ウ はらの立つような気持ち。
エ ほこらしいような気持ち。
（　　　）

(4) ――線③「そのめぐまれた才能」とありますが、どのような才能ですか。「〜才能。」につながる形で、本文中の言葉を使い、十五字以内(いない)で答えなさい。

□□□□□□□□□□□□□□□ 才能。

(5) 筆者の考えに合っているものを次から一つ選び、記号で答えなさい。

ア 犬も子供も自信を持たせるには、ほめてやるのがよい。
イ 犬や子供が悪いことをしても、しかってはいけない。
ウ 子供を甘やかすことは、悪いことではない。
エ 犬も子供も、育て方は結局は同じである。
（　　　）

ハイクラス

時間 25分　合かく点 75点　得点　点　（　月　日）

1 次の文章を読んで、あとの問いに答えなさい。

たとえば、こういう事例を出そう。これは、私が五年くらい前から気がついていることだが、雨の日の電車の中のかさ問題、というのがある。

雨の降る日の電車の中だ。＊ラッシュ時の超満員の車中は特殊すぎるから、それほどの混みではなく、立ってつり革につかまっている人もそこそこいる、ぐらいの混み方だとしよう。雨の日なんだから、みんな手にぬれたかさを持っている。さて、そのかさをどうしているかだ。

五年ほど前に私は、ほとんどの乗客が、電車に乗るとすぐ、かさをかさに付いているひもで束ねる、というのに気がついた。そして①ちょっとびっくりした。

昔は、そのようにする人もいないわけではなかったが、それは感心な人であって、ぬれたかさを束ねないで床に突き立てて持っている人も結構いたのだ。そんな人の横を通りぬけたりすると、ズボンがぬれてしまいムッとしたものだ。

ところが、いつの間にか電車の中ではかさは束ねる、というのが、この国（私がそれを目撃したのは東京）の生活習慣の中に、常識として定着しているのだ。そして、若い人ほど、電車に乗り込むとすぐにかさを束ねる。それって現代の常識じゃん、とでもいう様子に見える。いい習慣が定着したものだな、と私は感心した。

ところが、＊まれにかさを束ねないで、柄のほうで十センチぐらいずつ開いた半とじ状態で床に突き立てている人がいる。

シートにすわって、膝の前にそういうかさを立てている。それが、お年寄りばかりだった。

②そういう事例だってあるのだ。若い人は＊公徳心やマナーがなっちゃいない、と批判している老人のほうが、車中のかさについては、あんまり他人の迷惑に＊配りょしてないのである。

それは、老人たちの生活習慣の中にその体験がないからだろうと思う。昔はみんなそういうふうだったのだ。車中でかさを束ねるのは、比較的最近この国の都会の人々の中に定着してきた習慣なので、老人でそれに気がついてない人もいるってことだ。

しかし、いずれにしても、若い人は必ずかさを束ねるのだった。公衆マナーが最悪のはずの若者がである。

私はそれを見ていて思った。誰も若者の③このマナーのことは言わないよなあ、と。みんな、今の若者はなっとらん、ということを、若者の悪いところだけをかき集めて語るのだ。

それは不公平である。

公平に若者を見てみようよ、と私は思う。その上で、これは問題だぞ、というところを批判するのだ。教育がまちがっているならば、どうすればいいのか考えるのだ。そんなふうに、この国をよくするための道を考えてみよう。

（清水義範「行儀よくしろ。」）

＊ラッシュ…一時的に集中して混み合うこと。
＊まれ…めったにないこと。めずらしいこと。
＊公徳心…社会生活を正しく行おうと思う心。
＊配りょ…心を配ること。心づかい。

(1) ――線①とありますが、それはなぜですか。次の〔　〕に入る言葉を、指定の字数にしたがって、本文中からそれぞれぬき出して答えなさい。（30点・一つ10点）

・昔は〔㋐二字〕に乗るとすぐに〔㋑二字〕を〔㋒十字〕で束ねるような人はめずらしかったから。

㋐　　㋑　　㋒

(2) ――線②とありますが、どのようなことを指していますか。次の〔　〕に入る言葉を、指定の字数にしたがって、本文中からそれぞれぬき出して答えなさい。（30点・一つ10点）

・電車の中で、〔㋐三字〕ほどかさを束ね、〔㋑四字〕が、〔㋒三字〕状態のかさを床に突き立てているということ。

㋐　　㋑　　㋒

(3) ――線③とありますが、この内容を表す一文を本文中からさがし、初めの五字を答えなさい。（20点）

(4) この文章で、筆者が最もいいたかったことは何ですか。次から選んで、記号で答えなさい。（20点）

ア 雨の降る日の電車の中は、マナーの悪い人が多い。
イ 公衆マナーが悪いのは、若者だけではない。
ウ この国をよくするためには、公平に若者を見なくてはいけない。
エ 老人は、若者の悪いところだけを集めて言う。

（　　）

チャレンジテスト⑨

時間 40分　合かく点 75点　得点　　点

月　　日

1 次の文章を読んで、あとの問いに答えなさい。

＊台中から＊花蓮にいった。

①夏休み、といって＊万人が持つだろうイメージを、そのまま具体化したような町だ。木々が生い茂り、蝉が鳴き、田んぼと畑が広がり、遠くに山の稜線が見え、ぽつりぽつりと民家がある。時間はのんびりと流れ、町の外れに細い川が流れている。

　この花蓮に、ワンタンのおいしい店がある。たいへん有名で、午前中にいったのだが店の外まですでに行列ができていた。行列から、ワンタンをひたすら作り続ける職人の仕事場が見える。②じっと眺めていると、てのひらに広げたワンタンの皮に餡をのせぎゅっと手を握る、それだけのことをものすごいスピードでこなしていく。私は帰ってからワンタン女になるために、その動作をつぶさに観察していた。むずかしいことはなんにもなく、手でぎゅっと握るだけ。問題は餡だな……などと考えていると店内に入る順番がやってきた。この店、メニューがワンタンしかない。＊円卓に大勢で＊相席して、みなワンタンを頼む。私たちも頼む。

待つこと数分……やがてワンタンが運ばれてきたのだが、店員は湯気を上げたどんぶりを私たちよりあとに入ってきた客のところへ持っていく。あれれ、と思う間もなく、円卓に相席していた若い客たち、隣の卓のやっぱり若いグループ連れが、ワンタンを食べていた手を止め、いっせいに＊ブーイングの声を上げた。

「ちがうちがう、こっちの日本人が先だよ！」

と、店員に指導している。そして、どんぶりはめでたく私たちの目の前に運ばれてきた。

　そのとき私は確信に近く思ったのだった。この国の将来は＊安泰だ。いろんな問題が今もあるし、たいへんなことも多いだろうけれど、この国の未来は明るい。何があってもだいじょうぶ。

　＊緑島でもそうだったけれど、③この店でも私たち旅行者を助けてくれたのは若い人たちである。たかがワンタンだけれど、

「　　　　」

と思わず声をあげる若い人のこの正義感。彼らが担う未来が、安泰でないはずはない。④この国に暮らすということが、なんだかとてもうらやましく思えた。

（角田光代「いつも旅のなか」）

＊台中・花蓮・緑島…台湾の都市・地名。

＊万人…すべての人。多くの人。
＊円卓…円いテーブル。
＊相席…飲食店などで見知らぬ人と同じテーブルにつくこと。
＊ブーイング…不満に思って声を上げること。
＊安泰…安全で無事なこと。安らかなさま。

(1) ――線①「夏休み、といって万人が持つだろうイメージ」とありますが、どのようなイメージですか。最も適切なものを次から選び、記号で答えなさい。(5点)

ア とても暑くてたまらないイメージ。
イ 人気のない、さみしいイメージ。
ウ 自然がゆたかで、明るいイメージ。
エ 旅行客でにぎわう、活気あふれるイメージ。

（　　）

(2) ――線②「じっと眺めている」とありますが、筆者は何を眺めているのですか。次の（　）に入る言葉を、指定の字数にしたがって、本文中からそれぞれぬき出して答えなさい。(15点・一つ5点)

・（ ㋐ 二字 ）が（ ㋑ 四字 ）をひたすら（ ㋒ 五字 ）様子。

㋐ □□
㋑ □□□□
㋒ □□□□□

(3) ――線③「この店」と同じ内容を表す部分を本文中からさがし、十字以内でぬき出して答えなさい。(10点)

□□□□□□□□□□

(4) □に入る言葉として最もよいものを次から選び、記号で答えなさい。(10点)

ア 早くワンタンを持ってこい！
イ 日本人を差別するな！
ウ みんなも相席しようよ！
エ 順番がまちがってる！

（　　）

発てん (5) ――線④「この国に……思えた」とありますが、それはなぜですか。本文中の言葉を使って、二十五字以内で答えなさい。(10点)

2 次の文章を読んで、あとの問いに答えなさい。

ぼくの息子が幼稚園に通いはじめて数日経った日のことです。彼が「ピアノを弾きたい」と言い出しました。幼稚園の先生がピアノを弾く、それを見て自分もやりたいと思ったのでしょう。

妻の実家に、彼女が子どもの頃に使った①ピアノが埃をかぶっていて、日曜日に実家に行き、息子にそれを使わせようとしました。彼はピアノの椅子にすわり、鍵盤に指を伸ばしました。恐る恐る一つの鍵盤に触れました。そのまま動かずにいて、しばらくしてから言いました。

「②どうして、弾けないの？」

どうしてって、今日、生まれて初めてピアノの前にすわったのです。弾けるわけがありません。

「練習しないと弾けるようにならないんだよ」、そう言っても息子は理解しません。幼稚園の先生はスラスラ弾いている。ピアノというのは、だれでもその前にすわれば演奏できるものと思っていたらしいのです。

たしかに幼児用の電子楽器には、ボタンを押すだけで自動演奏を始めるものもある。仕組みを知らない息子にとっては、ボタンを押せるということは「ぼくは演奏できる」でもあったわけです。世間に「練習」などというものがあるとは、まだ知らない年齢なのです。それにしても、ピアノの前にすわって、演奏できない自分に驚く。そういう発想もあることを知ったのは、驚きでした。

③こちらは常識にかためられて生きているが、一度世界を白紙にしてみれば思いもよらない世界が広がっているものです。子育てをしていると、いろんなことを考えさせられます。

それはともかく、ではどうすれば、ピアノを弾くことができるようになるのでしょうか。一つの方法は、先生の真似をすることです。ピアノを二台並べて、先生が弾くのと同じことをする。それを続ければ、いつかは演奏ができるようになるでしょう。しかしそこでの到達点は、自分の音楽の先生です。その先には進めません。もちろん到達できた子どもはさらに優れた先生に、またさらに優れた先生に、とやっていけば世界一の演奏家のレベルに達することはできるかもしれません。しかしそれとて、世界一に「追いついた」だけで、その先はありません。

創造性は、どこから生まれるのでしょうか。

こういったやり方は、絵で言えば模写ということになります。ダ・ヴィンチの絵を模写させる。ピカソの絵を真似る。そうやって絵のトレーニングをした子どもたちに、絵の喜びは伝わるでしょうか。創造性は育まれるでしょうか。

お手本がダ・ヴィンチやピカソなら、まだ良いです。しかしどこの町にも、どこの学校にも家庭にも、ダ・ヴィンチやピカソがいるわけではありません。いったい何をお手本にすればいいのでしょう。

レオナルド・ダ・ヴィンチは、こんなメモを残しています。

「④ダメな画家は、画家に学ぶ。優れた画家は、自然に学ぶ。」

絵をかくことのトレーニングを、他の画家の真似をすることに費やしてはいけない。自然を師として、そこに美を感じ、ものを見る目を養っていかなければいけない、というのです。


（布施英利「絵筆のいらない絵画教室」）

(1) ――線①「ピアノが埃をかぶっていて」とありますが、ここからピアノがどうなっていたことがわかりますか。（10点）

（　　　　　　　　　　）

(2) ――線②「どうして、弾けないの？」とありますが、なぜ、このようにたずねたのですか。その理由が書かれているところを、「〜から。」につながる形で、本文中から二十五字でぬき出して答えなさい。（10点）

□□□□□□□□□□□□□□□□□□□□□□□□□から。

(3) ――線③「こちらは常識にかためられて生きている」とありますが、ここでの「常識」とは、どのような考えのことですか。本文中の言葉を使って答えなさい。（10点）

（　　　　　　　　　　）

(4) ――線④「ダメな画家は、画家に学ぶ。優れた画家は、自然に学ぶ」について、次の問いに答えなさい。

① 「画家に学ぶ」と同じ意味で使われている漢字二字の言葉を、本文中から二つぬき出して答えなさい。（10点・一つ5点）

□□・□□

② 「自然に学ぶ」とは、どういうことですか。本文中の言葉を使って、三十字以内で答えなさい。（10点）

□□□□□□□□□□□□□□□□□□□□□□□□□□□□□□

24 詩・短歌・俳句

〔　月　日〕

学習内容とねらい　詩の表現上の工夫を読み取っていきましょう。空らんにあてはめる問題は、リズム・音数に注意して言葉を選びましょう。

標準クラス

1 次の詩を読んで、あとの問いに答えなさい。

雨曜日　藤富保男

雨あがりの道をかえる
蛙いっぴき　とびはねて
［①］仲間にとびかかり
刈り込みのなかで　喧嘩する
すると間もなく一滴の
木の上から雨粒ふり
振りむくと林は雨
雨の音　木々にしみ入り
入り組む枝のすき間から
カラッと晴れた西の空
そら来たとばかり　とび出した
下をむけば　あらっ　さっきの蛙
［②］道々　蛙と共に

(1) この詩は、一種の言葉遊びになっています。どの部分かを、わかりやすく説明しなさい。

（　　　　）

(2) ［①］に入る最もよい言葉を次から選び、記号で答えなさい。

ア 暴れる　イ 寝ている　ウ 逃げる

（　　）

(3) ［②］に入る最もよい言葉を次から選び、記号で答えなさい。

ア 田んぼの　イ 雨上がりの　ウ 帰る

（　　）

〈芝浦工大中―改〉

2 次の短歌を読んで、あとの問いに答えなさい。

A みちのくの*　①母の命を　一目見ん　一目見んとぞ　ただにいそげる　　斎藤茂吉

*みちのく…東北地方。作者のこきょうは山形県。

B くれなゐの　二尺のびたる　ばらの芽の　針②やはらかに　春雨の降る　　正岡子規

(1) ――線①「母の命を　一目見ん」とありますが、何を見たいのですか。次から選び、記号で答えなさい。

ア 美しい母のすがた　　イ 生きている母のすがた

ウ 出産する母のすがた　　エ 働いている母のすがた

（　　）

(2) ――線②「やはらかに」とありますが、この短歌では、「やはらか」なものごとが二つ読み取れます。その二つの言葉を、短歌の中からぬき出して答えなさい。

（　　　・　　　）

3 次の俳句を読んで、あとの問いに答えなさい。

① 夏草に汽缶車の（　）来て止まる　　山口誓子

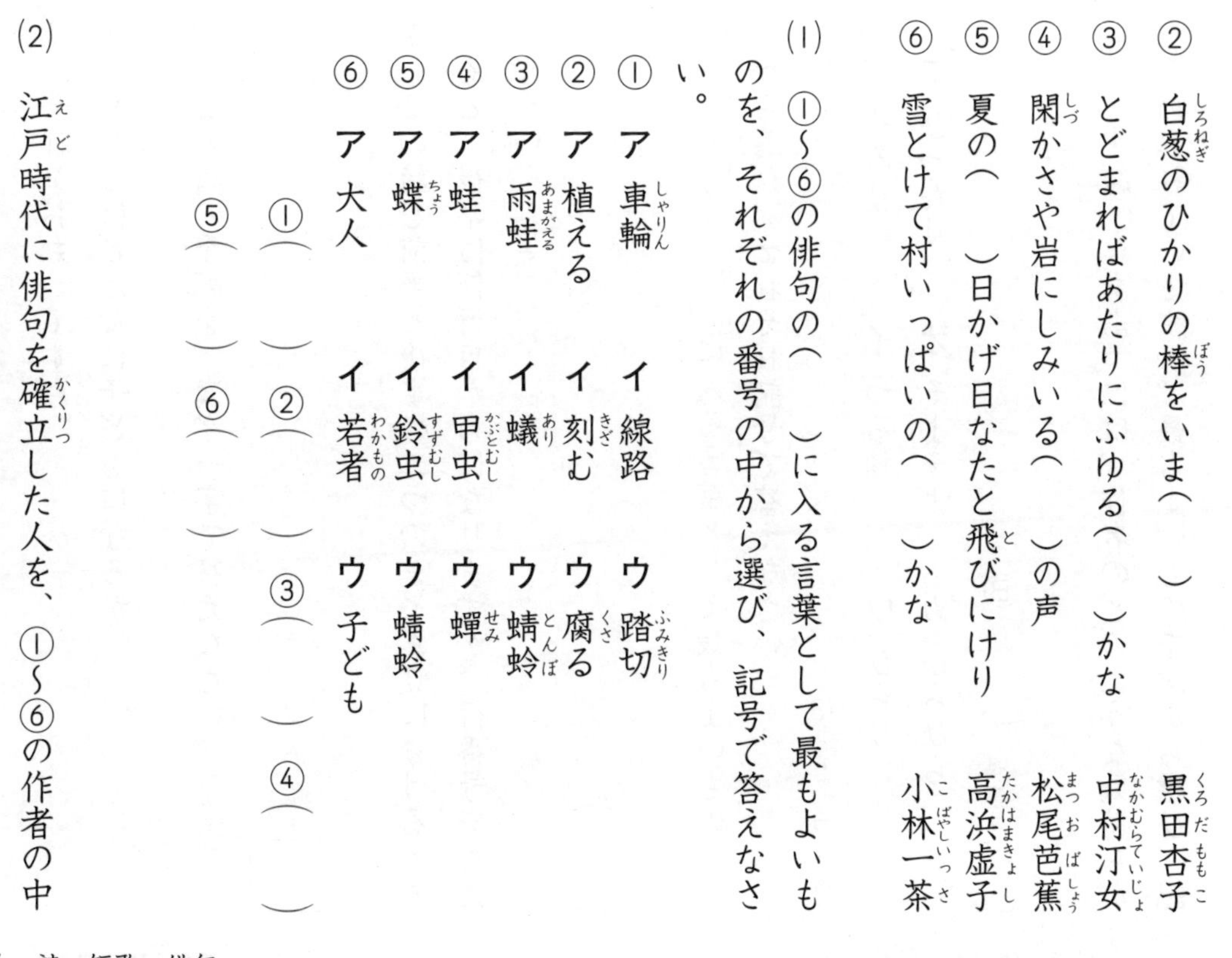

② 白葱のひかりの棒をいま（　）　　黒田杏子

③ とどまればあたりにふゆる（　）かな　　中村汀女

④ 閑かさや岩にしみいる（　）の声　　松尾芭蕉

⑤ 夏の（　）日かげ日なたと飛びにけり　　高浜虚子

⑥ 雪とけて村いっぱいの（　）かな　　小林一茶

(1) ①～⑥の俳句の（　）に入る言葉として最もよいものを、それぞれの番号の中から選び、記号で答えなさい。

① ア 車輪　イ 線路　ウ 踏切

② ア 植える　イ 刻む　ウ 腐る

③ ア 雨蛙　イ 蟻　ウ 蜻蛉

④ ア 蛙　イ 甲虫　ウ 蟬

⑤ ア 蝶　イ 鈴虫　ウ 蜻蛉

⑥ ア 大人　イ 若者　ウ 子ども

①（　）②（　）③（　）④（　）

⑤（　）⑥（　）

(2) 江戸時代に俳句を確立した人を、①～⑥の作者の中から一人選び、番号で答えなさい。

（　　）

ハイクラス

時間	合かく点	得点
25分	75点	点

（　月　日）

1 次の詩を読んで、あとの問いに答えなさい。

風の方向がかわった

山村暮鳥

どこからともなく
とんできた一わのつばめ
つばめは街の十字路を
直角に［Ⓐ］と曲がった
するといままでふいていた
北風は［Ⓑ］やんで
そしてこんどは［Ⓒ］と
どこかでゆれている海草の匂いがかすかに一めんに
街街家家をひたした
①ああ風の方向がすっかりかわった
しかし　②それは風の方向ばかりではない
妻よ
ながい冬じゅうあれていた
③おまえのその手がやわらかく
しっとりと
薄色をさしてくるさえ
わたしにはどんなによろこばしいことか
それをおもってすら
わたしはどんなに子どもになるか

(1) この詩の季節を、漢字一字で答えなさい。(7点)　［　］

(2) この詩を前半と後半の二つのまとまりに分けるとすると、後半は何行目からになりますか。行番号を答えなさい。(10点)　（　）

(3) ［Ⓐ］〜［Ⓒ］に入る言葉として最もよいものを次から選び、それぞれ記号で答えなさい。(18点・一つ6点)

ア そろり　**イ** つるり　**ウ** ひらり
エ ぴったり　**オ** そよそよ　**カ** ひらひら

Ⓐ（　）Ⓑ（　）Ⓒ（　）

(4) ——線①「ああ」には、作者のどのような気持ちがこめられていますか。最もよいものを次から選び、記

号で答えなさい。(10点)
ア 悲しみ　イ 失望　ウ よろこび
エ いかり
(　　)

(5) ――線②「それ」とありますが、何を指していますか。詩の中の言葉を使って答えなさい。(10点)
(　　)

(6) ――線③「おまえのその手がやわらかく／しっとりと／薄色をさしてくる」とありますが、なぜこのようになるのですか。十字以内で答えなさい。(10点)

(7) この詩の説明として最もよいものを次から選び、記号で答えなさい。(10点)
ア 作者のあたたかいまなざしが、子どもや小動物に向けられている。
イ 新しい季節をむかえたよろこびと、妻への思いやりがえがかれている。
ウ 愛する妻の手があれることをなげき、季節の変化を悲しんでいる。
エ 海辺へ旅に出たときに感じた自然の美しさと、季節の変化をうたっている。
(　　)

2 次の俳句の(　)には、作品の季節感を表す植物の名前が入ります。最もよいものをあとのそれぞれの番号の中から選び、記号で答えなさい。(25点・一つ5点)

① 山くれて(　)の朱をうばひけり　与謝蕪村
*朱…朱色(黄色をふくんだ赤色)のこと。
② をりとりてはらりとおもき(　)かな　飯田蛇笏
③ くれやすき春に鞭うつ(　)かな　中川乙由
④ (　)一輪一輪ほどのあたたかさ　服部嵐雪
⑤ (　)につるべとられてもらひ水　加賀千代女
*つるべ……なわなどの先につけて井戸の水をくみ上げるおけ。

① ア よもぎ　イ もみじ　ウ もも
② ア たんぽぽ　イ さくら　ウ すすき
③ ア ひまわり　イ やなぎ　ウ いちょう
④ ア きく　イ ばら　ウ 梅
⑤ ア 菜の花　イ つばき　ウ 朝顔

①(　)　②(　)　③(　)　④(　)
⑤(　)

チャレンジテスト⑩

1 次の詩を読んで、あとの問いに答えなさい。

鹿

村野四郎

鹿は ①森のはずれの
夕日の中に じっと立っていた
彼は知っていた
小さな額が狙われているのを
けれども 彼に
どうすることが出来ただろう
彼は すんなり立って
村の方を見ていた
②生きる時間が黄金のように光る
彼の棲家である
大きい森の夜を背景にして

(1) この詩の情景は、一日のうちのいつごろですか。(10点)

(　　　)

(2) ——線①「森」と対比的な意味で使われている言葉を、詩の中からぬき出して答えなさい。(10点)

(　　　)

(3) ——線②「生きる時間が黄金のように光る」とは、どのようなことを表していますか。最もよいものを次から選び、記号で答えなさい。(10点)

ア 鹿が生きてきた今までの人生が、村人にとっても貴重なものであること。
イ 死に直面しても、おそれず、堂々と最後まで生きぬこうとする鹿の強い意志。
ウ わずかに残された時間の中で、鹿の命がひときわかがやきをましていること。

(　　　)

発てん (4) この詩は、鹿にとってのどのようなしゅん間をえがいているのですか。次の(　　)に入る漢字一字の言葉を考え、それぞれ答えなさい。ただし、①と②の言葉は対義語となります。(10点・一つ5点)

・(　①　)と(　②　)が入れかわるしゅん間

① □　② □

時間	合かく点	得点
25分	75点	点

(　月　日)

2 次の短歌を読んで、あとの問いに答えなさい。

ふるさとの訛なつかし
①停車場の人ごみの中に
②そを聴きにゆく
石川啄木

＊訛…ある地方特有の発音。標準語・共通語とはことなった発音。

(1) 作者は今どこにいると考えられますか。最もよいものを次から選び、記号で答えなさい。(10点)

ア ふるさと
イ 都会
ウ ふるさとから遠くはなれたいなか

（　　　）

発てん (2) ——線①「停車場」とは、駅のことです。この駅の所在地は、どこであると考えられますか。都道府県名で答えなさい。(10点)

（　　　）

(3) ——線②「そを聴きにゆく」とありますが、「そ」とは、「それ」と同じ指示語です。何を指していますか。(10点)

（　　　）

3 次の短歌と俳句を読んで、あとの問いに答えなさい。

A 屋上にねころんで手をつないでみた
無力な（　）枚の木の葉のように
俵　万智

B たまねぎのたましひいろにむかれけり
上田五千石

(1) Aの短歌は、言葉の順序が入れかわっています。本来の順序に書き直しなさい。(10点)

（　　　）

(2) Aの短歌の（　）には、数字が入ります。入る数字を漢数字で答えなさい。(10点)

（　　　）

(3) Bの俳句の説明になるように、次の文の（　）に入る言葉をあとから選び、それぞれ記号で答えなさい。(10点・一つ5点)

・たまねぎの（①）が「たましい」を連想させたことから、その（②）を「たましひいろ」と表現している。

ア 味　イ 形　ウ かたさ
エ 色　オ 重さ

①（　　　）②（　　　）

仕上げテスト 1

時間 40分　合かく点 75点　得点　点　（　月　日）

1 次の――線の漢字の読み方を書きなさい。（18点・一つ一点）

①お金を得る。（　）
②塩分を取りすぎる。（　）
③今年は冷夏だった。（　）
④給食費を持っていく。（　）
⑤マンションの管理人。（　）
⑥今日は公演（こうえん）の初日だ。（　）
⑦苦笑いをする。（　）
⑧栄養を取る。（　）
⑨氏名を書く。（　）
⑩かれは博学だ。（　）
⑪そんなことは朝飯前だ。（　）
⑫灯油を買う。（　）
⑬松竹梅の絵。（　）
⑭初孫が生まれた。（　）
⑮長老に知恵（ちえ）をかりる。（　）
⑯今日は大漁だ。（　）
⑰果物を買う。（　）
⑱景色のいい場所。（　）

2 次の――線のかたかなを、漢字に直しなさい。（14点・一つ一点）

①エジソンのデンキを読む。（　）
②大雨で船がケッコウになった。（　）
③ナカマを大切にする心が大切だ。（　）
④風で公園のさくらがチる。（　）
⑤カモツレッシャが何両も連（つら）なる。（　）
⑥はがきのケシインがにじんでいる。（　）
⑦今年のモクヒョウを決める。（　）
⑧ベツジンとまちがえて声をかけた。（　）

⑨ ロケットの打ち上げはセイコウ（　　）した。

⑩ ロウドウシャ（　　）のための法律。

⑪ ケンゼン（　　）な生活を送る。

⑫ 家の前をキュウキュウシャ（　　）が通った。

⑬ ジンルイ（　　）の未来について考える。

⑭ おこづかいをセツヤク（　　）する。

3 次の漢字の部首名と総画数を、例にならって書きなさい。（12点・一つ一点）

例 根（きへん）［10］

① 改（　　）［　］　② 刷（　　）［　］

③ 陸（　　）［　］　④ 辺（　　）［　］

⑤ 建（　　）［　］　⑥ 街（　　）［　］

---

4 次の漢字の赤字のところは、何画目に書きますか。算用数字（1、2、3…）で書きなさい。（5点・一つ一点）

① 兆（　）画目　② 臣（　）画目

③ 械（　）画目　④ 飛（　）画目

⑤ 必（　）画目

5 次の□に反対の意味の漢字を入れて、二字の熟語を作り、その熟語の読み方も書きなさい。（8点・一問2点）

① 利□（　　）　② 高□（　　）

③ 得□（　　）　④ 勝□（　　）

6 次の言葉を、漢字と送りがなで書きなさい。（6点・一つ一点）

① よろこぶ（　　）　② あらそう（　　）　③ つげる（　　）

④ みたす（　　）　⑤ となえる（　　）　⑥ はぶく（　　）

7 次の文の□に入る最もよい言葉をあとから選び、それぞれ記号で答えなさい。（6点・一つ一点）

① 大泣きしていた赤んぼうが、今では□とねむっている。

② 新入社員のA君は、会社で□仕事をしている。

③ 集合時刻に□間に合った。

④ 昼からふり始めた雪が、□とふっている。

⑤ 父が夜おそく□になって帰ってきた。

⑥ 夜から明け方まで雨が□ふっていた。

ア しとしと　**イ** しんしん
ウ ふらふら　**エ** ばりばり
オ すやすや　**カ** ぎりぎり

①（　　）②（　　）③（　　）④（　　）
⑤（　　）⑥（　　）

8 次のことわざ・慣用句の□に入る言葉をあとから選び、それぞれ記号で答えなさい。ただし、同じ記号はくり返し使えないものとします。（6点・一つ一点）

① □の横好き　② □の友
③ □を割る　④ □からうろこが落ちる
⑤ □にどろをぬる　⑥ □が地につかない

ア 顔　**イ** 足　**ウ** 腹　**エ** 竹馬　**オ** 目
カ 下手

①（　　）②（　　）③（　　）④（　　）
⑤（　　）⑥（　　）

9 次の文の――線部の意味にふさわしい慣用句をあとから選び、記号で答えなさい。また、□に入る漢字一字をそれぞれ答えなさい。（6点・一問一点）

① きびしい練習にまいってしまった。

② じっくりと大切に育て上げた選手。

③ かれの意見は本質や問題点をたしかにとらえている。

④ 長い間の努力がよい結果を生む。

⑤ 強いチームに練習相手になってもらう。

⑥ この絵は有名な画家の作品だとたしかに保証します。

ア □を結ぶ　**イ** 胸を□りる
ウ □り紙を付ける　**エ** □を射る
オ □をあげる　**カ** □塩にかける

①（　・　）②（　・　）
③（　・　）④（　・　）
⑤（　・　）⑥（　・　）

10 次の□に□の中の漢字を入れて、〔　〕の意味になる四字熟語を作りなさい。（6点・一問一点）

① □心□心〔言葉にしなくても心が通じ合うこと。〕

② □刀□入〔すぐに話の本題に入ること。〕

③ □往□往〔うろたえること。〕

④ □光□火〔動作がとてもすばやいこと。〕

⑤ □名□実〔名ばかりで中身がないこと。〕

⑥ □耳□風〔他人の意見などを聞き流すこと。〕

馬	以	石	有	意	電	伝
右	東	無	直	左	単	短

11 次の文は、**ア**「何が(は)どうする」、**イ**「何が(は)どんなだ」、**ウ**「何が(は)何だ」の形のうち、どれにあてはまりますか。それぞれ記号で答えなさい。（5点・一つ一点）

① わたしの願いは、世界平和です。（　　）

② かれはとてもやさしい。（　　）

③ この花は、生け花によく使われます。（　　）

④ 来年の春、弟は小学校に入学します。（　　）

⑤ 今日は、夏のように暑い。（　　）

12 次の文の主語と述語を、ぬき出して書きなさい。（8点・一つ一点）

① 白い　雲が　さまざまに　形を　変える。

主語（　　）　述語（　　）

② その　村には　悪い　人は　まったく　住んでいない。

主語（　　）　述語（　　）

③ 同じ　クラスの　山本さんも　ハムスターを　かっている。

主語（　　）　述語（　　）

④ 体に　いいのよ、緑や　黄色の　野菜は。

主語（　　）　述語（　　）

時間 40分　合かく点 75点　得点 点

（ 月 日）

1 次の文章を読んで、あとの問いに答えなさい。

あいさつは、日本人のスムーズな社会関係を保っていく上に、最も重要な機能を果たしている。山道で村人に会えば、必ず「今日は。」といったあいさつを受ける。見知らぬよそ者は、どんな危険をはらんでいるかわからない。にこっと笑ってあいさつを返してくれれば、警戒心はうんとうすらいでしまう。あいさつは、親愛なコミュニケーションを通じ合うためのチャンネルである。〔ア〕

これは日本の中だけの話ではない。私はアフリカの奥地へ入ると、何よりも先にあいさつの言葉を覚え、村人に笑いながら①それを口にする。たいていの人は、その行為をすなおに受けとってくれ、この一語で親しさのチャンネルができあがる。あいさつをもたない民族はない。あいさつは万国共通の言葉である。ならば、②あいさつはなぜ必要なのか。そのルーツはどこにあるのだろう。〔イ〕

人類の先祖であるサルではどうだろう。ゴリラは、ていねいなおじぎをする。野生のゴリラを研究したシャラーさんは、「あたかも日本人のように丁重だ。」と感心している。ところが、今の若者を見れば、シャラーさんはなんと言うだろうか。「Ⓐのほうが丁重だ。」と言うにちがいない。〔ウ〕

チンパンジーのあいさつは、おどろくほど多様だ。握手、*抱擁、肩をたたく、前に*ひれふす、さわる、といった行動はもとより、キスもする。それも、額や瞼に軽く口をつけるといったしゃれたキスから、口づけのキスもすみにおけない。人間がもっているあいさつ行動の原型を、ほとんど見ることができる。〔エ〕

チンパンジーに、なぜこのようにあいさつ行動が発達しているのか。その秘密は、③彼らの特異な社会にある。ニホンザルは群れをつくるが、群れからぬけだして遠くへ遊びにいくといった勝手な行動は、絶対に許されない。だが、チンパンジーはちがう。一頭で、あるいは複数の個体が連れだって自由に行動する。仲のよい若いおすとめすがアベックで、一週間も旅行に出かけることだってある。〔オ〕

このことは、われわれの日常を*かえりみても、すなおに理解できる。二、三日休んで学校や会社に出たとき、まず仲間にあいさつをする。このとき知らん顔をされたらどうだろう。ひどい*疎外感になやまされるにちがいない。あいさつというのは、しばらく切れていた仲間づきあいを復元する*媒介としての働きをするものなのだ。〔カ〕

チンパンジーが群れの集団性に拘束されず、自由に行動することができるのは、あいさつという社会関係の調整行動を Ⓑ したからである。逆に言えば、あいさつ行動は、個体の自由を確保するために必要な基本的行動だといえる。〔キ〕

あいさつというのは、個人の行動を束縛するきゅうくつな形式だと思っている人が多い。しかし、本来はその反対で、個人が対人関係をスムーズにすることによって、個人の自由を確立するために必要な行動なのである。〔ク〕

（河合雅雄「あいさつをする」）

＊抱擁…だきしめること。
＊ひれふす…額が地面やゆかにつくほど体を平たくする。
＊かえりみる…すぎ去ったことを考える。
＊疎外…よそよそしくすること。きらってのけものにすること。
＊媒介…間に入って仲立ちをすること。
＊拘束…行動やはんだんの自由をせいげんすること。
＊束縛…行動にせいげんを加えて、自由をうばうこと。

(1) Ⓐ に入る言葉を本文中からさがし、ぬき出して答えなさい。（5点）

（　　　）

(2) ――線①「それ」は、何を指していますか。本文中から十字以内でぬき出して答えなさい。（6点）

□□□□□□□□□□

(3) ――線②について、人間にとって必要な理由を、「〜ために必要だから。」につながる形で、本文中から十字でぬき出して答えなさい。（6点）

□□□□□□□□□□ために必要だから。

(4) ――線③とありますが、どのようなことが特異なのですか。次のようにまとめるとき、（　）に入る言葉を、本文中からぬき出して答えなさい。（10点・一つ5点）

・ニホンザルは（　①　）が、チンパンジーは（　②　）こと。

①（　　　）　②（　　　）

(5) Ⓑ に入る言葉として最もよいものを次から選び、記号で答えなさい。（5点）

ア 発明　イ 復元　ウ 拘束　エ 禁止

（　　　）

(6) 次の文章は、本文中のどこに入れるとよいですか。ア〜クの記号で答えなさい。（6点）

・彼らがもどってくると、群れの仲間、とくに強い者にあいさつするのである。つまり、あいさつをすることによって、群れへの復帰を許してもらうのだ。

（　　　）

2 次の文章を読んで、あとの問いに答えなさい。

科学的基礎知識が広くいきわたった後の世になって、常識を常識だと言うのはたやすいことである。地球は丸い？　常識じゃん。地球は太陽のまわりをまわっている？　常識じゃん。

しかし、それが常識ではなかった時代に、その真相に気がつき、事実を発見することは非常にむずかしいのだ。まわりからは＊出鱈目を口にする＊ペテン師扱いされてしまうこともあっただろう。あいつは地球は丸いなんて＊大法螺を吹いている＊奇人だから近寄っちゃいけないよ、なんて。

①＊大気圧、というのも、発見され、常識となってしまうまでは、気がつきにくいものだっただろうなあという気がする。

《中略》

なぜなら、人間は地表に生まれて地表に住む動物だから、体に＊一気圧の圧力がかかってちょうどいいようにできているのである。②これでちょうどいいようにできていれば、③これがゼロと思ってしまいがちだ。こんなに快適でバリバリ動けるのに、すでに圧力を受けているとは考えにくい。

深海の魚を釣りあげると水圧がかからなくなって目がとび出たりするように、我々人間も大気のないところへ行ったら気圧がなくなって目がとび出るかもしれないとは、考えにくいものだ。

Ⓐ、気圧は発見された。きっかけは、どうがんばっても深さ十メートル以上の井戸からはポンプで水をくみあげられなかったからである。どんなに馬力のあるポンプでも無理。

ポンプとは、管の上を真空に近くすると、下から水があがってくるというものである。ストローで水を飲むのも④同じ原理。

でも、その原理では十メートル以上深い井戸の水はくみあげられない。

Ⓑガリレオは、ポンプで水がくみあげられたのは、水が（　）の重さに押されていたからなのだな、と考えた。水の上を真空にすれば、まわりの気圧で押された水が上へあがってくる。Ⓒ、気圧以上にはあがってこない。

こうして、一気圧とは水深十メートルの重さくらいなのだな、ということが発見されたのである。正しくは十メートル三十三センチ分。

⑤それがわかってから人類は急に体が重く感じられ、ぐったりと疲れるようになり、肩がこるようになったような気がする。

（清水義範「サイエンス言誤学」）

＊出鱈目…すじの通らないことやいい加減なこと。

＊ペテン師…人をだますのがうまい人。さぎ師。
＊法螺を吹く…物事をおおげさに言う。
＊奇人…ふつうの人とちがうことをしたり、考えたりする人。
＊大気圧…大気(空気)が地球の表面を押している力。
＊一気圧…一平方センチメートル当たり約一キログラムの重さ。

(1) ――線①とありますが、その理由を次のように説明するとき、次の〔　〕に入る言葉を、指定の字数にしたがって、本文中からそれぞれぬき出して答えなさい。ただし、㋐・㋑は、初めと終わりの三字を答えなさい。(15点・一つ5点)

・〔㋐ 十七字〕だから〔㋑ 十九字〕ようにできているので、自分にかかっている圧力が〔㋒ 二字〕だと感じてしまうため。

㋐ □□□～□□□
㋑ □□□～□□□
㋒ □□

(2) ――線②「これ」が指す内容を、本文中の言葉を使って、十五字以内で答えなさい。(7点)

(3) ――線③「これ」が指す内容を、本文中から二字でぬき出して答えなさい。(6点)

(4) ――線④とは、どのような原理ですか。「～原理。」につながる形で、本文中から二十七字でさがし、初めと終わりの三字を答えなさい。(6点)

□□□～□□□原理。

(5) Ⓐ～Ⓒに入る最もよい言葉を次から選び、それぞれ記号で答えなさい。(15点・一つ5点)

ア そこで　イ ところで　ウ ただし
エ ところが　オ または

Ⓐ(　) Ⓑ(　) Ⓒ(　)

(6) 〔　〕に入る漢字二字の言葉を、考えて答えなさい。(5点)

(7) ――線⑤「それ」が指す内容を、本文中の言葉を使って答えなさい。(8点)

仕上げテスト 3

40分　時間
75点　合かく点
点　得点
（　月　日）

1 次の文章を読んで、あとの問いに答えなさい。

①セイコー時計資料館は、国内や海外の時計や時の資料を集め、研究しているところです。1881年に創業した時計会社のセイコーが、創業100年を記念して1981年に開館しました。博物館ではありませんが、希望すれば、さまざまな資料を公開してくれます。

《中略》

受付で名前を告げると、奥に座っていたインストラクターの串田均さんが立ち上がって、笑顔で出迎えてくれました。学者さんという感じの、おだやかで、やさしそうなおじさまです。

「どんなことを知りたいのですか？」

とたずねられたので、

「1秒の歴史を調べています。よろしくお願いします」

と答えました。

「わかりました。それでは、ひととおり展示をご案内して、それから1秒についてお話ししましょう」

串田さんはうなずいて、2階の常設展示場に案内してくれました。

簡単にセイコーという会社の歴史の説明を受けたあと、②機械時計の歴史を、ざっとレクチャーしてくださいました。

機械時計は、歯車を組み合わせた時計です。発明されたのは13世紀とも14世紀ともいわれ、さまざまな説があります。

時計が時計として機能するためには、止まらずに動きつづけるための□と、正確に時を刻むためのしくみ(調速機)が必要です。

たとえばポピュラーなクオーツ＊腕時計では、ボタン電池が動力、調速機はクオーツなんですよ。

動力は、初めはおもりが、やがて16世紀ごろにはぜんまいが使われるようになりました。いまでは電池のほか、自動巻発電やソーラー発電、温度差発電などが利用されています。

③調速機は、カチ、コチと歯車がきまった間隔で止まって時を刻むように、歯車の動きを調整するしくみ。その役わりをはたしたのは、初めはてんぷ＊というものでした。後にふりこが登場して、時計の精度をおし上げます。クオーツは20世紀に入ってから発明され、時計の大量生産と、時刻のデジタル＊表示を可能にしました。

いわゆる機械時計は、クオーツ以前のぜんまいふりこ、ないし、てんぷで動く時計で、時計職人が100%手づくりします。てんぷやふりこを使っていると、職人がどんなにがんばっても、1日に2秒～6秒のくるいが生じます。それに対し④クオーツ時計は、1か月や1年に何秒くるうかな、というほど精度が高くなっているのです。

1秒を調べていると、ときどき機械時計の話に出くわします。からくりものは苦手なので、本の中で機械時計に話がおよぶと、飛ばし読みしていました。串田さんのお話はとてもわかりやすく、⑤これだけでも資料館に足を運んだ価値があったなあ、と思いました。

（清水徳子「1秒の長さは、だれがきめたの？」）

＊ポピュラー…よく知られていて、人気があること。
＊クオーツ（腕）時計…水晶に電圧をかけたときに生じる一定の振動数をもとに秒針を進めるこうぞうをもった時計。
＊てんぷ…ぜんまいの力を用いてきそく正しい回転運動を行い、一定の速度をたもつ部品。
＊デジタル…時刻や量などを数字で表す方法。

(1) ――線①「セイコー時計資料館」について、次の問いに答えなさい。

① ここはどのようなところなのかをまとめるとき、次の（　）に入る言葉を、指定の字数にしたがって本文中からさがし、それぞれ初めと終わりの五字を答えなさい。（12点・一つ6点）

・時計会社のセイコーが（㋐十五字以上二十字以内）した、（㋑二十五字以上三十字以内）。

㋐ □□□□□ ～ □□□□□
㋑ □□□□□ ～ □□□□□

② 筆者がここにきたのは何のためですか。本文中の言葉を使って、十五字以内で答えなさい。（8点）

(2) ――線②「機械時計」とは、どのようなものですか。本文中から二つさがし、ぬき出して答えなさい。（12点・一つ6点）

（　　　）
（　　　）

(3) □に入る漢字二字の言葉を本文中からさがし、ぬき出して答えなさい。（8点）

(4) ――線③「調速機」とはどのようなものかをまとめるとき、次の〔　〕に入る言葉を、指定の字数にしたがって本文中からさがし、それぞれぬき出して答えなさい。(12点・一つ6点)

・時計が〔 ㋐ 七字 〕ように〔 ㋑ 十字 〕しくみ。

㋐

㋑

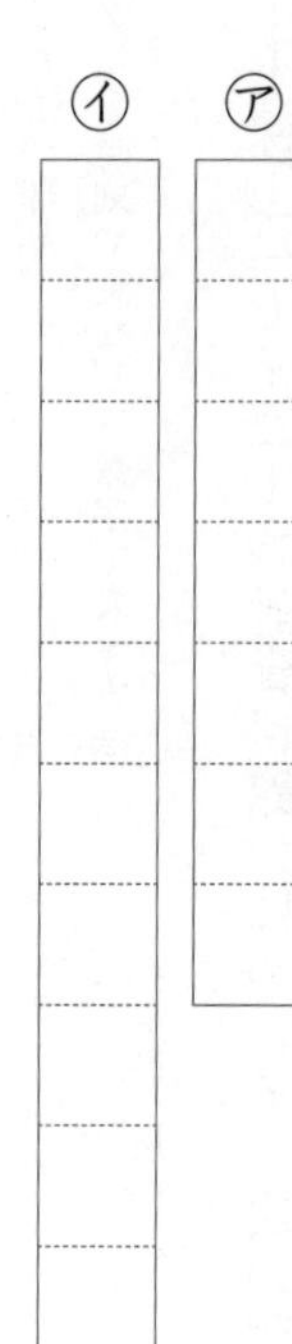

(5) ――線④「クオーツ時計」が「機械時計」よりすぐれている点を、本文中の言葉を使ってまとめなさい。(10点)

(　　　)

(6) ――線⑤「これだけでも資料館に足を運んだ価値があったなあ、と思いました」とありますが、このように思った理由として最も(もっと)よいものを次から選び(えら)、記号で答えなさい。(6点)

ア 自分が調べようとしている「一秒」に関係(かんけい)のあることで、自分が苦手なことについてわかりやすく教えてもらえたから。

イ 今までわからなかった「一秒」とはどういうものなのかということが、からくりものの時計を使うことでわかったから。

ウ 「一秒」を本で調べていくときにでくわした機械時計というものがどういうものなのかを、自分の目でたしかめられたから。

エ 知りたかった「一秒」の歴史ではなかったものの、とても親切に説明してもらえたことがうれしかったから。

(　　)

2

次の詩を読んで、あとの問いに答えなさい。

故郷(ふるさと)　　高野辰之(たかのたつゆき)

兎(うさぎ)①おひし　かの山、
小鮒(こぶな)釣りし　かの川、
夢(ゆめ)は今もめぐりて、
忘(わす)*れがたき故郷。

如何(いか)*にいます、父母、
恙(つつが)*なしや、友が*き、

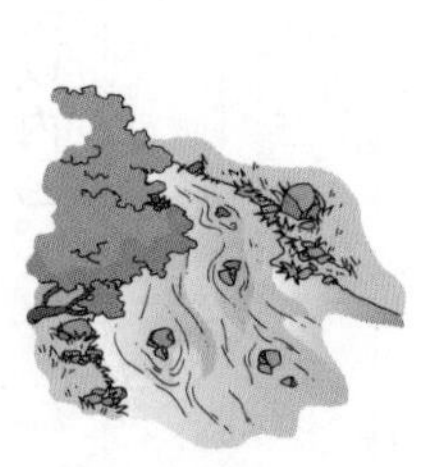

雨に風につけても、
思い出づる故郷。

こころざしを　はたして、
いつの日にか　②帰らん
山はあをき故郷、
水は清き故郷。

＊忘れがたき…忘れることができない。
＊如何にいます…いかがおすごしでしょうか。
＊恙なしや…変わりはないですか。
＊友がき…友達。
＊帰らん…帰ろう。

(1)　この詩はリズム上の種類として、ア自由詩、イ定型詩　のどちらですか。記号で答えなさい。（6点）

（　　）

(2)　――線①「おひし」とありますが、どういう意味ですか。最もよいものを次から選び、記号で答えなさい。（6点）

ア　年をとる　　イ　おいしい
ウ　追いかける　　エ　好ましい

（　　）

(3)　――線②「帰らん」とありますが、どこに「帰らん」といっているのですか。詩の中から一語でぬき出して答えなさい。（6点）

（　　）

(4)　この詩では、作者のどのような思いが表現されていますか。次から一つ選び、記号で答えなさい。（6点）

ア　少年時代にもどりたいと思っている。
イ　出世したり成功したりして、故郷に帰ろうと思っている。
ウ　故郷の美しさをいつまでもたもっていたいと思っている。
エ　仕事に失敗したため、故郷にもどりたいと思っている。

（　　）

(5)　この詩で故郷とは、どのようなところだといっていますか。詩の中からすべてぬき出して答えなさい。（8点）

（　　）

仕上げテスト 4

時間 30分　合かく点 75点　得点　点　　月　日

1 次の文章を読んで、あとの問いに答えなさい。

「それで、まちがいありませんか。」

ヤスケ兄さんが、まるで他人のような声で、コロクに聞いた。

コロクは、ナナコの話に、うそはないと思ったが、ピアノの音が耳について、いらいらして困ったときの気持ちが、裁判長にわかってもらえないのは、不公平だと考えた。

「まちがいありません。しかし、『リンゴの歌』のピアノが、どのくらい勉強のじゃまになったかということを、少しお話ししちゃいけないでしょうか。」

「あら、あたし、『リンゴの歌』ばかり、ひいていたんじゃないわよ。」

「＊原告はだまって。裁判長の許しを得ないで勝手に口をきいてはいけません。――＊被告は、自分の机を立って、原告の部屋へ行くまでの気持ちを話したいというのらしいが、①それは、裁判の公平のために、聞いておく必要があると思います。話してください。」

そこで、コロクは、雨だれのような、へたくそなピアノで「証城寺のたぬきばやし」をひかれることが、「つる・かめ算」を考えている人間にとって、どれだけ、じゃまになるものかということを、できるだけ、大げさに話した。

ナナコは、にくらしそうな目をコロク兄さんの顔からはなさずに、その言い分を聞いていた。ところが、にくらしいと思いながら聞いていたのにもかかわらず、それを聞いていると、自分の部屋を開けたときのコロク兄さんが、②なぜ、あんなこわい顔をしていたのか、はじめて、わかるような気がしてきた。「なるほど、いきなり、あたしをどなりつけたのも無理はなかった。」そんな気がしてくるのである。

「被告の言いたいことは、それだけですね。それでは弁論に入ります。原告の弁護人からお願いします。」

アヤコが立ち上がった。制服のセーラーを着て、□した弁護人ぶりだ。

「あたしは、③二つの点で被告の方が悪いと思います。第一の点は、被告が、ナナコちゃん――いいえ、その――原告にピアノをやめることをたのめばよかったのに、はじめから、どなりつけたことです。わけを話して、静かにたのめば、この事件は起こらずにすんだことだろうと思います。第二の点は、被告が原告をなぐったことです。文明国の紳士たるものが、*淑女をなぐるということはどういうときでも、許されません。まして、被告コロクは、原告ナナコをいたわらなければならない兄なのです。被告は、原告に手をついて三べん謝って、来週の日曜には、ヒロシさんのうちへ原告を遊びに連れて行くべしという判決をお願いします。」

ヒロシは、アヤコの弁論に、けおされた。まるで、大人の演説みたいに、立派で、言うことも、いちいち、もっともに思える。しかし、裁判長に呼ばれると、とにかく、自分の考えておいたことを述べた。

「アヤコさんのお話だと、悪いのは、コロク君ばかりのようですが、ぼくは、そう思いません。ナナコさんが――そのう、つまり原告が、④妹らしく、優しい気持ちで、被告の言いつけに従えば、この事件は起こらなかったと思うのです。だから、手をついて三べん謝るにはおよばないと思います。けれども、ぶったのは、なんといってもよくないのですから、一度謝って、来週の日曜には、ふたりで、ぼくのうちへ遊びに来ることに、判決してくださるようにお願いします。」

裁判長のヤスケは、しばらく、考えていた。それから、口を開いた。

「この事件は、わがままとわがままのぶつかり合いだと思います。こういうのが、はきちがえた自由主義、民主主義というのではないでしょうか。とりわけ、被告が、よく話せばわかってもらえることを、どなりこんだために、相手の感情を害してしまったことと、議論で負けて、原告をなぐったこととは非民主主義的です。しかし、原告にも、相手の気持ちを察してやるという思いやりが欠けていたことも確かです。そこで、当裁判所は、被告は原告に謝罪すること、そして、⑤来週の日曜日は、一日、原告にサービスすることと命じます。」

⑥お父さんが、劇がすんだときのように、いきなりはく手した。お母さんも、それにならって、つつましく、手を鳴らした。

（吉田甲子太郎「兄弟いとこものがたり」）

*原告…裁判をしてほしいとうったえた人。
*被告…裁判でうったえられた人。
*淑女…しとやかで上品な女性。↔紳士

(1) 登場人物は何人ですか。算用数字で答えなさい。（10点）

（　　）人

(2) ――線①「それ」は、何を指していますか。（12点）

（　　）

(3) ――線②「なぜ、あんなこわい顔をしていたのか、はじめて、わかるような気がしてきた」とありますが、どのようなことに気がついたのかを説明しなさい。(12点)

（　　　　）

(4) □に入る言葉として最もよいものを次から選び、記号で答えなさい。(10点)

ア そわそわ　**イ** もたもた　**ウ** きびきび
エ いそいそ　**オ** もじもじ

（　　）

(5) ――線③「二つの点」とは、どんな点ですか。本文中の言葉を使ってまとめなさい。(20点・一つ10点)

（　　　　）
（　　　　）

(6) ――線④「妹らしく、優しい気持ち」とは、どのような気持ちですか。これよりあとの本文中から、二十字以内でぬき出して答えなさい。(12点)

(7) ――線⑤「来週の日曜日は、一日、原告にサービスすること」とありますが、具体的にどうすることですか。(14点)

（　　　　）

(8) ――線⑥「お父さんが、劇がすんだときのように、いきなりはく手した」とありますが、お父さんはなぜはく手をしたのですか。最もよいものを次から選び、記号で答えなさい。(10点)

ア 民主主義とはどういうものなのか、子どもたちが正しく理解してくれたから。

イ ナナコがひどい目にあったことを、みなが堂々と裁いてくれて安心したから。

ウ 子どもたちで議論を進め、公平に結論を出すことができたことがすばらしかったから。

エ コロクが十分に反省し、二度とこのようなことは起こさないとちかったから。

オ どの子どももはじめはわがままばかり言っていたのが、最後にはおたがいを気づかう気持ちを見せてくれたから。

（　　）

ひっぱると，はずして使えます。

ハイクラステスト 小4

国語

答え

答え

小4 ハイクラステスト 国語

1 漢字の読み

標準クラス 2~3ページ

1 ①こづつみ ②しゅげい ③えきでん ④たんい ⑤ろうどう ⑥こくはく ⑦こてい ⑧いふく ⑨もくざい ⑩かしん ⑪しょくえん ⑫とほ ⑬きげん ⑭しほう

2 ①つと ②ねん ③くわ ④よろこ ⑤わか ⑥な ⑦ねが ⑧つ ⑨いわ ⑩て ⑪たたか ⑫かなら ⑬か ⑭あらそ

3 ①イ ②ア ③ア ④イ ⑤ア ⑥イ ⑦ア ⑧イ ⑨イ ⑩ア

4 ①しゃっきん・か ②ぞっこう・つづ ③はいち・お ④ようぶん・やしな ⑤じさん・まい ⑥けつまつ・むす ⑦させつ・お ⑧ふまん・み ⑨ついきゅう・もと ⑩ろうご・お ⑪でんせつ・と ⑫れいだい・たと

5 ①きかん ②ふくさよう ③とうひょう ④やくそく ⑤すえ ⑥ほうぼく ⑦いちょう ⑧しゅるいべつ ⑨そつぎょう ⑩やさい ⑪ぐんばい ⑫ろくおん ⑬ねっしん ⑭れきし ⑮ひょうほん ⑯まとはず

考え方

1 ①「包」は訓読みで「包む」と読みますが、この場合は送りがなはつきません。

3 ③「得」は、音読みは「とく」、訓読みは「え(る)」です。「得手」は、得意なことという意味で、反対語は、「不得手」。

4 右側が音読み、左側が訓読みです。訓読みは、右側の熟語の意味の一部を表しています。

注意

2 ②の「念」だけが音読みです。

ハイクラス 4~5ページ

1 ①がいとう ②こっき ③きょうりょく ④いくじ ⑤さんみゃく ⑥けしき ⑦はかせ(はくし) ⑧へいりょく ⑨ともだち ⑩じてん

2 ①さっ ②うしな ③もっと ④さか ⑤は ⑥かこ ⑦あらた ⑧あ ⑨いさ ⑩す

3 ①かく・おぼ・ざ ②こう・この・す ③べ・へん・あた ④しょう・はぶ・せい ⑤ち・なお・おさ ⑥しょ・はつ・はじ ⑦ふん・こな・こ ⑧べん・びん・たよ ⑨む・ぶ・な ⑩れん・つ・つら

4 ①りっきょう ②しょうどく ③かいりょう ④くらい ⑤れいせい ⑥あんないず ⑦りょひ ⑧ひざ ⑨ほうちょう ⑩せいじんしき ⑪しゅくでん ⑫きょくりょく ⑬しあい ⑭ゆうぼう ⑮じょうたつ ⑯ちゃくせき ⑰こうみょう ⑱いんしょう ⑲ちょすいち ⑳みんしゅく

5 ①きゅうしゅつ・A ②なふだ・B ③さんぽ・A ④とおあさ・B ⑤ふしめ・B ⑥りょうがわ・C ⑦こうがい・A ⑧にゅうよく・A ⑨まちかど・B ⑩なかま・B

考え方

1 ⑥「けしき」、⑦「はかせ」、⑨「ともだち」は、特別な読み方(熟字訓)です。熟語単位の読み方を覚えておきましょう。

3 訓読みが二つあるものは、送りがなをもとに考えます。

5 熟語単位で読み、次に一字一字の読み方をかくにんします。⑥「りょう」は音読み、「がわ」は訓読みです。

注意

2①の「察」だけが音読みです。

3⑥「初雪」の「初」は「はつ」と訓読みし、「しょせつ」とは読みません。同じ読み方をする熟語では、「初夢」があります。

2 漢字の書き

標準クラス 6~7ページ

1 ①目標 ②号令 ③満員 ④祝日 ⑤式典 ⑥無理 ⑦続出 ⑧失敗 ⑨貯金 ⑩欠席 ⑪民族 ⑫市街地

2 ①特→得 ②地→置 ③福→副 ④真→信 ⑤史→士 ⑥動→働 ⑦知→治 ⑧正→成 ⑨図→量 ⑩様→要 ⑪切→折 ⑫青→静 ⑬建→健

3 ①課・果 ②共・協 ③径・型 ④清・省 ⑤束・側 ⑥完・官

4 ①海底 ②夕飯 ③印刷 ④救急車 ⑤便利 ⑥観察 ⑦歴然 ⑧陸上部 ⑨倉庫 ⑩変化 ⑪昨年 ⑫四季 ⑬卒業式 ⑭配給 ⑮自覚 ⑯消火器

考え方

1 熟語の意味を考えて書きます。⑪は「民旅」とまちがえないようにします。

2 同じ読み方をする別の漢字が使われています。⑦は「治安」で、国や社会がおだやかに治まっていることです。⑨「はかる」には、ほかに「計る」「測る」などがあり、「時間を計る」、「面積を測る」のように使います。

4 3 それぞれの熟語の意味を考えます。
④「急救車」と書かないように注意します。
⑦は、はっきりとしているという意味です。

ハイクラス 8~9ページ

1 ①喜 ②説 ③望 ④努 ⑤浅 ⑥最 ⑦辺 ⑧散 ⑨告 ⑩試

2 ①果物 ②清水 ③景色 ④博士 ⑤昨日 ⑥八百屋

3 ①改 ②例 ③参 ④照 ⑤的 ⑥借

4 ①競走・競争 ②意外・以外 ③氏名・指名・使命 ④紀行・起工・気候 ⑤関心・感心

5 ①高熱 ②海水浴 ③人種差別 ④案外 ⑤初代 ⑥不思議 ⑦根菜類 ⑧飛行機 ⑨念願 ⑩地帯 ⑪固体 ⑫節度 ⑬光栄 ⑭水道管 ⑮輪唱 ⑯包囲

考え方

2 すべて特別な読み方をする熟語(熟字訓)の書き取りの問題です。①「くだ」、②「し」、③「け」など、その漢字の音読みでは当てはまりません。熟語単位で覚えるようにしましょう。

3 音読みと訓読みの組み合わせになっています。前後のつながりからどんな言葉がふさわしいか考えてみましょう。

4 同音異義語(読みが同じで意味のちがう言葉)の問題です。熟語の意味を正しく読み取ることが必要です。①競走…走る速さを競うこと。競争…勝ち負けを争うこと。⑤関心…心にかけること。興味を持つこと。感心…心に感じること。りっぱであること。

3 かなづかい・送りがな

標準クラス 10~11ページ

1 (1)①ず ②づ ③ず ④づ (2)①じ ②ぢ ③じ ④じ

2 ①づ ②お ③ぢ ④は ⑤づ ⑥お ⑦は ⑧を ⑨わ ⑩づ

3 ①ア ②ウ ③イ ④イ ⑤イ ⑥イ ⑦イ ⑧ウ ⑨イ ⑩ア

4 ①短い ②加えて ③向かって ④後ろ ⑤○ ⑥○ ⑦半ば ⑧○ ⑨幸せ ⑩○ ⑪試みて ⑫○

5 ①働く ②別れる ③満たす ④養う ⑤果たす ⑥浅い ⑦挙げなさい ⑧欠けた ⑨低い ⑩周り

考え方

1 言葉を分解して、(1)③くつ+すれる、(2)②はな+ち のように考えます。

2 ③同じ音が連なることで音がにごる場合は、「ち」「つ」は、「ぢ」「づ」と書きます。⑧漢字では「やむを得ない」と書き、しかたがないという意味です。

3 ④「新しい」のように「しい」と送るのではなく、「勇ましい」とします。

注意

4 三年までに学習した漢字もふくんでいます。どれも送りがなのまちがえやすい漢字なので注意しましょう。⑪は「こころみて」と読みます。

ハイクラス　12〜13ページ

1 ①〇　②じ→ぢ　③〇　④ず→づ　⑤え→お　⑥〇　⑦〇　⑧〇　⑨〇　⑩〇　⑪〇　⑫じ→ぢ　⑬ず→づ　⑭ず→づ

2 ①お　②ず　③ず　④ず　⑤じ　⑥ず　⑦づ　⑧づ　⑨ぢ　⑩ず

3 ①残る　②省く　③最も　④借りる　⑤積もる　⑥結ぶ　⑦求める　⑧願う　⑨失う　⑩救う　⑪敗れる　⑫唱える　⑬散らかる　⑭告げる　⑮努める　⑯冷たい　⑰静まる　⑱固まる　⑲戦う　⑳囲む　㉑連ねる　㉒祝う　㉓伝える　㉔必ず

4 ①㋐かす　㋑くる　㋒らか　②㋐え　㋑け　㋒まれ　③㋐える　㋑ぜ　㋒じる(ざる)　④㋐える　㋑ます　㋒める　⑤㋐る　㋑らす　㋒れる　⑥㋐まる　㋑る　㋒める

考え方

1 ①湯飲み+ちゃわん、②わるい+ちえ、③みそ+つける と、言葉を分解して考えます。⑭「常々」と書きます。

2 ②「かたずを飲む」は、心配してじっと見つめるという意味。「かたず」は、つばのこと。⑨「近々」と書きます。

3 どれも送りがなをまちがえやすいものばかりです。⑯「冷」は送りがなのちがいで読み方が変わり、ほかに「冷める」「冷える」があります。

4 上や下につながる言葉によって、送りがながどのように変わるかを考えます。②㋐「生えぎわ」、㋑「生け花」、㋒「生まれ故郷」のように、読み方がちがうものもあるので注意します。

4 漢字の組み立て

標準クラス　14〜15ページ

1 ①六　②十　③十二　④十　⑤六　⑥九　⑦十一　⑧十

2 ①イ　②オ　③ウ　④ア　⑤ケ　⑥エ　⑦キ　⑧ク

3 ①5　②5　③9　④7　⑤14　⑥7　⑦10　⑧3　⑨13

4 (漢字は例)①ごんべん・話・語・記・詩　②しんにょう(しんにゅう)・道・週・遠・進　③いとへん・細・紙・組・終　④うかんむり・家・室・安・守

5 ①ア　②ア　③イ　④ア　⑤イ　⑥ア

6 ㋐イ　㋑イ　㋒ウ　㋓カ　㋔ア(イ)　㋕イ(ア)　㋖エ　㋗ア　㋘キ

考え方

2 ①「ネ」はしめすへんです。「衤」のころもへんとまちがえないようにします。⑥「刂」の部分がありますが、部首は「亻」です。

3 ⑧「建」と同じように、「廴」の部分は最後に書きます。

注意

4 ④「空」の部首は、あなかんむりです。

ハイクラス　16〜17ページ

1 ①7　②8　③3　④4　⑤4　⑥2

2 ①三　②三　③七　④三　⑤四　⑥三

3 ①帯・残　②巣・健　③達・満・博・極

4 ④置・節
①票 ②省 ③卒 ④覚 ⑤利 ⑥努
⑦堂

5 ①テイ・广・まだれ ②カン・⺮・たけかんむり ③サン・攵・のぶん(ぼくづくり) ④ルイ・頁・おおがい ⑤グン・阝・おおざと ⑥ネツ・灬・れんが(れっか)

6 (1)①イ ②ウ ③ア (2)六
(3)㋑耳・みみ ㋕阝・こざとへん
(4)養 (5)㋓ヨウ ㋔タイ

考え方

2 それぞれの部首は次のとおり。①こへん、②こざとへん、③かい、④えんにょう、⑤のぶん（ぼくづくり）、⑥しんにょう(しんにゅう)となります。

4 音読みをヒントに、その部首を用いた漢字を考えます。①「示」は下の部分、⑤「刂」は右の部分につきます。

6 漢字辞典の引き方を、具体的にしめした内容です。順を追ってていねいに読み取っていくことが必要です。(2)部首さくいんで調べるときは、その部首ののっているページを開き、次に同じ部首の漢字は、画数の少ないものから順にならんでいるので、部首以外の部分の画数を数えてさがします。ここでは「耳」の六画となります。

注意

1 ④・⑥は特にまちがえやすい筆順の漢字です。日ごろから正しい筆順で書くように心がけるようにしましょう。

2 ①「孑」、②「阝」、④「夊」、⑥「辶」を三画で書くことに注意します。

5 ⑤「院」「隊」など、漢字の左側につく「こざとへん」と区別するようにします。

5 熟語の組み立て

標準クラス 18～19ページ

1 開始・岩石・回転・身体・満足・絵画・学習

2 ①近 ②子 ③弱 ④楽 ⑤利 ⑥低 ⑦少 ⑧前 ⑨暗

3 ①エ・カ・ク・サ ②ア・キ・シ ③オ・セ ④ウ・ケ・コ・ス ⑤イ・ソ

4 ①ア ②イ ③イ ④ウ ⑤イ ⑥ウ ⑦ア ⑧イ

5 (上二つ・下二つの順で) ①案・側 ②街・油 ③関・続 ④調・約 ⑤事・兆 ⑥席・位

6 ①ウ・㋒㋓ ②イ・㋐㋔ ③ア・㋑㋕

考え方

1 まず、同じような意味の漢字を二つ選び、次に熟語の組み合わせを考えます。

3 ④上に「非」「無」「不」「未」がつく熟語です。⑤イは国民体育大会、ソは特別急行を省略した形です。

4 ウは、三つの漢字が対等にならんでいるものです。

6 Bの組み立ては次のようになります。㋐陸上＋選手 ㋑都＋道＋府＋県 ㋒大＋運動会 ㋓生徒会＋室 ㋔新聞＋配達 ㋕東＋西＋南＋北

ハイクラス 20～21ページ

1 ①エ ②カ ③ウ ④エ ⑤ア ⑥カ ⑦イ ⑧キ ⑨ア ⑩イ ⑪オ ⑫ウ

2 ①動 ②観 ③治 ④合 ⑤型

3 ①外 ②苦 ③結 ④決 ⑤料 ⑥然 ⑦所 ⑧天

4 ①決定 ②画期 ③対照 ④具体

5 ①進 ②売 ③衣 ④送(輸) ⑤敗(負) ⑥福

6 ①不 ②非 ③無 ④不 ⑤未 ⑥無 ⑦未 ⑧非

考え方

1 ⑧入学試験を省略した形です。

2 **3** ③～⑤の□は、たて、横の熟語で、ちがう読み方をします。

4 「〇〇的」で、「～のような、～の性質」となり、上の言葉に下の字が意味をそえ

ている熟語の組み合わせです。ほかに「○○化」（～のようになる）、「○○性」（～の性質、～の程度）があります。

5 同じような意味、または反対の意味の漢字を考え、熟語として成立するか、また前後のつながりが不自然になっていないかをかくにんします。①・③・④・⑥は同じような意味、ほかは反対の意味の漢字の組み合わせです。

6 どれも下につづく言葉を打ち消す意味があります。非・無…～がない。不…～でない。未…まだ～でない。

注意

4 ③目当ての意味の「対象」（小学生対象の本）と書きまちがえないようにします。

チャレンジテスト①

22～23ページ

1 ①ふろく　②はつが　③がいとう　④きしゅ　⑤ちあん　⑥ふしめ　⑦ふんまつ　⑧ひょうさつ　⑨しゃくや　⑩りょうがわ

2 ①さか(は)　②あらそ　③さ　④か　⑤つ　⑥はぶ　⑦とな　⑧つつ

3 ①辺り　②試みる　③冷たい　④浴びせる　⑤持参　⑥機械化　⑦気象　⑧司令官　⑨副作用　⑩熱湯　⑪億万長者　⑫望遠鏡　⑬博物館　⑭健康的　⑮加害者

4 ①○　②~~ず~~→づ　③~~じ~~→ぢ　④~~を~~→お　⑤○　⑥~~ぢ~~→じ

5 ①6　②9　③4　④4　⑤4　⑥10

6 ①管　②勇　③折　④孫　⑤満

7 ①オ・ケ　②エ・ク　③ア・キ　④ウ・カ　⑤コ・シ　⑥イ・サ

考え方

2 ③送りがなが「える」なら、「覚える」と読みます。

4 ②「かんにつめる」で「かんづめ」と考えます。漢字では、⑤「間近」、⑥「一日中」と書きます。

5 ②「辶」（しんにょう）と同じように、「廴」（えんにょう）も中を書いたあとに書き、三画で書きます。

7 力「形が成る（成される）」…整った形に作り上げること。下の「成」が述語となっています。⑤の組み立てではないので注意しましょう。

注意

3 ⑧「司令管」と書かないようにします。

6 言葉の意味

標準クラス

24～25ページ

1 ①イ　②ウ　③ア　④オ　⑤エ

2 ①イ　②エ　③ア　④ウ　⑤オ

3 ①㋐にんき　㋑ひとけ　②㋐べん　㋑びん　③㋐おおごと　㋑だいじ　④㋐いちもく　㋑ひとめ　⑤㋐きんぼし　㋑きんせい　⑥㋐じょうず　㋑うわて　㋒かみて

4 ①上　②手　③習　④社　⑤下　⑥作　⑦始　⑧分　⑨本　⑩野

5 ①イ　②カ　③ア　④オ　⑤ウ　⑥エ

考え方

1 ③「図る」と書き、ここでは「くわだてる。計画する。」の意味になります。同じ読みの漢字で、「計る・測る・量る」がありますが、きちんと使い分けができるようにしましょう。

2 「～びる」「～ぶる」などのように、それぞれの言葉のあとについて、特定の意味をそえる語を「接尾語」といいます。まず言葉全体の意味を考え、——線部が、それ以外の部分にどのような意味をそえているかを考えましょう。

3 ⑥㋒客席から見て、舞台の右のほうをいいます。

4 それぞれの熟語は次のようになります。
①陸上・上陸　②相手・手相　③練習・習練　④会社・社会　⑤落下・下落　⑥作動・動作　⑦終始・始終　⑧配分・分配　⑨日本・本日　⑩原野・野原

ハイクラス 26〜27ページ

1 ①ウ ②イ ③ア ④エ ⑤オ

2 ①㋐いろがみ ㋑しきし ②㋐ふんべつ ㋑ぶんべつ ③㋐めした ㋑もっか ④㋐たいか ㋑おおや

3 ①オ ②ア ③カ ④イ ⑤ウ ⑥エ

4 (1)㋐エ ㋑イ ㋒ウ ㋓ア (2)㋔イ ㋕ウ (3)①ア ⑤エ ⑥イ

5 ①しつねん ②てんけい ③にがて ④きかい

考え方

3 それぞれの言葉の意味は次のようになります。
ア物事を行う様子があぶなっかしい。
イ態度や言葉づかいに意地悪なところがある。
ウさわやかで気持ちがいい。
エかわいそうで見ていられないくらいである。
オうそなどが、見えすいている様子。
カふつうの度合いをはるかにこえている。

注意

2 読み方によって意味が変わる言葉は、入試などでは問題となりやすいので、読みと意味を関連づけて覚えておきましょう。

4 知らない言葉は必ず辞典を引いて、意味をかくにんしておきましょう。言葉の知識が、読み取りにおいて力となります。

7 ことわざ・慣用句・四字熟語

標準クラス 28〜29ページ

1 ①イ ②オ ③ウ ④エ ⑤ア

2 ①一・千 ②千・万 ③十・十 ④二・三 ⑤七・八 ⑥一・一 ⑦四・八 ⑧一・二

3 ①ウ ②ア ③エ ④オ ⑤イ ⑥カ

4 ①ア ②ウ ③カ ④キ ⑤イ ⑥ク ⑦エ ⑧オ

5 ①二・ク ②矢・イ ③石・キ ④筆・エ ⑤戸・ウ ⑥種・ケ

考え方

1 ③は、何かをしようと思ったら、すぐに始めるのがよいということ。

2 それぞれの四字熟語の意味は次のようになります。
①とても待ち遠しいこと。
②さまざまなちがいがあること。
③考えや好みが人それぞれであること。
④ねだんが安いこと。
⑤何度失敗してもくじけずやり直すこと。
⑥よい所も悪い所もあること。
⑦ひどく苦しむこと。
⑧一つのことをして、二つの利益を得ること。

3 ②は、のれんをうでおしても手ごたえがないことから、何を言っても相手からまともな返事がなく、はりあいがないことを意味します。

4 カ「口車」は、たくみな言い回しを意味します。

ハイクラス 30〜31ページ

1 ①仕→始 ②化→下 ③重→長 ④真→信 ⑤会→回

2 ①カ ②ウ ③オ ④イ ⑤ア ⑥キ ⑦エ

3 ①足 ②鼻 ③歯 ④目 ⑤指 ⑥耳 ⑦顔

4 ①イ ②ウ ③カ ④ア ⑤ク ⑥オ ⑦キ ⑧エ ⑨サ ⑩シ ⑪ケ ⑫コ

考え方

1 四字熟語の組み立てを考え、それぞれの漢字がどのような意味を表しているのかをたしかめるようにします。

2 それぞれのことわざの意味は次のようになります。
ア特にすぐれたものがないこと。
イどんなに弱い者にもそれなりの意地があるので、あなどれないこと。

ウ自分の悪い行いが原因で、自分が苦しむこと。
エ人に親切にすることで、いつか自分にもよいむくいがめぐってくる。
オわかいときに覚えたことは、年をとってもわすれない。
カふたしかなことに期待すること。
キ苦しかったことも、時間がたつとすっかりわすれてしまう。

3 それぞれの慣用句の意味は次のようになります。
①「足が棒になる」…足がひどくつかれて、棒のようにこわばる。
②「鼻にかける」…得意になる。
③「歯が立たない」…力に差があって、とてもかなわない。
④「目をかける」…大事にしてめんどうをみる。
⑤「指をくわえる」…うらやましいが、ただ見ていることしかできない。
⑥「耳がいたい」…自分に都合の悪いことは、聞くのがつらい。
⑦「顔から火が出る」…はずかしい思いをして、顔が真っ赤になる。

4 それぞれの四字熟語の意味は次のようになります。
ア強い者が弱い者をおさえつけて栄えること。
イ多くの人がみな、同じことを言うこと。
ウ自分の生活に必要なものを自分の力で作り、満たすこと。
エ言葉で言い表せないほどひどいこと。
オ追いつめられて、のがれられないじょうたい。
カすぐに話の本題に入ること。
キ何かをきっかけにして、すっかり気持ちを切りかえること。
ク言葉に出さなくても、相手と気持ちが通じ合うこと。
ケ大人物というのは、少しずつ成長して、後にはたいへん立派な人物になること。
コ物事の大切な部分から外れた、ささいなどうでもいい部分のこと。
サまごついて、あっちこっち動き回ること。
シ他人の注意などを気にとめず、聞き流すこと。

注意

入試で問われやすいものを中心に出題しています。慣用句は、意味の問題や空らんをうめる問題がよく出題されます。特に、体の一部を用いた慣用句がよく問われます。四字熟語は、漢数字をふくむ熟語がよく出題されます。意味や使い方だけでなく、まちがっている字を直し、意味を選ぶタイプの問題も入試でよく出ます。ことわざは、にた意味や対立する意味のことわざ同士を組み合わせる問題がよく出題されます。

8 文の組み立て

標準クラス 32〜33ページ

1 ①ウ ②イ ③ア ④ア ⑤イ ⑥イ ⑦ウ ⑧ア ⑨ウ ⑩ア

2 ①おかしを 出すと、妹が 声を あげて 喜んだ。
②今日で 卒業する、あこがれの 先ぱいが。
③会場の こんらんは、じょじょに 治まった。
④父の 万年筆の インクが 切れた。
⑤友達の 君まで ぼくを うたがうのか。
⑥国語の テストで とても 残念な 結果が 出た。
⑦おなかに ある 大腸は 意外と 長い。
⑧ぽつんと たっている 街灯の 明かりが ものさびしい。
⑨食堂に おいてある やかんには、熱湯が 入っている。
⑩飛行機が 雲の はるか 上を 飛ぶ。

3 (右上から順に)①昨日・買った・とても・チーズは・おいしい
②あそこに・見えるのが・町です・ぼくの・育った
③来週の・月曜日・マラソン大会が・行

われる・学校で
④三年生の・ころは・ぼくも・勉強した・毎日
⑤いちばん・上の・近くの・高校に・兄は・合かくした・わたしの
⑥わたしが・名前を・知らない・人も・いる・クラスメートの・中に

考え方

1 主語と述語の関係から、三つの文型に分類する問題です。まず、各文の主語と述語をおさえます。
①富士山は(主語)—山だ(述語) ②二月だけが—短いね ③日が—来る ④道路が—のびている ⑤ルールは—むずかしい ⑥番組は—おもしろい ⑦これは—手紙だ ⑧木が—立っていた ⑨ぼくは—中学生だ ⑩雨が—ふっている

2 ②は「とう置」といい、言葉の順序がふつうとぎゃくになっています。

3 まず、主語と述語をあてはめ、残りの言葉がそれらにどのようにかかっているかを考えます。

ハイクラス 34〜35ページ

1 ①ちょうは ②どうかは ③部屋が

2 ①ウ ②ア ③イ ④ア ⑤ウ ⑥ウ ⑦ア ⑧イ

3 ①実は あの 人こそ、日本に たった 一つしか ない 名字の 持ち主なのだ。
②昔 家に いた 犬の ポチの やさしい 目が、今も 思い出される。
③ついに きた、待ちに待った 合かく発表の 日が。
④インフルエンザに かかった 母は、三日間 会社を 休んだ。
⑤予想どおり、今回も かれが 大差で 勝った。
⑥よく ねぼうする わたしも、遠足の 日は 朝 早く 起きた。

4 ①選ぶ ②ひなが ③見てごらん ④改めたい ⑤いとこの ⑥兆候が ⑦国会議事堂の ⑧なるので

5 ①お皿に ②一生けんめい ③そよそよと ④道順を・おまわりさんに ⑤黄色い ⑥もう ⑦学校へは・バスを ⑧テストで・百点を

考え方

2 まず、各文の主語と述語をおさえます。
①これは(主語)—知らせだろう(述語) ②ひよこが—鳴いている ③いちごは—おいしい ④ノートは—いったのかなあ ⑤ほしいのは—本です ⑥スカートは—花もようなのね ⑦薬は—きく ⑧家は—遠い

3 やや長めの文ですが、まず述語を見つけ、次に主語をさがします。

4 ふつう、修飾される言葉は修飾語よりあとにきます。——線の言葉よりあとの言葉につないで、意味が通るものを答えとします。

5 〰〰線の言葉より前の言葉からさがします。④「道順を—たずねた」「おまわりさんに—たずねた」とつながるので、答えは二つあります。

9 言葉の種類

標準クラス 36〜37ページ

1 ①ウ ②エ ③ア ④ア ⑤イ ⑥イ ⑦ウ ⑧ウ ⑨エ ⑩ア

2 ①ぼ・ば・び・ぶ・ぶ・べ・べ ②そ・さ・し・す・す・せ・せ

3 ウ・エ・オ・ク

4 ①クラス・本だな・ナイチンゲール・伝記・本 ②ぼく・姉・身長・百五十センチメートル ③夏休み・東京・いとこ・家・遊び・予定 ④ぼく・ペン・近所・スーパー ⑤今年・七月七日・七夕・行事 ⑥説明書・飛行機・プラモデル

5 ①走れる ②読める ③泳げる ④通れる ⑤書ける ⑥飲める

6 ①行き・泣き・引か・行っ ②分け・食べ・笑っ・言っ ③使っ・運ぼ ④登っ・望ん ⑤買っ・くれ

考え方

1 ①ウは形容詞、ほかは動詞。②エは名詞、ほかは動詞。③アは言葉や文をつなぐ働きをする接続詞、ほかは形容詞。④アは名詞、ほかは動詞。⑤イは名詞、ほかは形容詞。⑥イは名詞、ほかは形容詞。⑦ウは動詞、ほかは名詞。⑧ウは動詞や形容詞などを修飾する副詞、ほかは動詞。⑨エは形容詞、ほかは名詞。⑩アは名詞、ほかは代名詞。

4 ③の「遊び」は、動詞の「遊ぶ」が名詞化されたものです。

5 ①動詞の語形が変わる最初の部分(「走る」の「る」)が、エ段の音(「れ」)になるように直します。ほかも同様に考えます。

注意

1 それぞれの品詞の働きは次のようになります。

名詞…物事の名前を表す。主語になれる言葉。

動詞…物事の動作やそんざいを表す。言葉の形が変わる。言い切り(辞典にのっている言葉)の形がウ段。

形容詞…物事の様子やじょうたいなどを表す。言葉の形が変わる。言い切りの形が「い」。

2 動詞はあとにつく言葉によって、さまざまに語形が変化します。

ハイクラス 38~39ページ

1 ①悲しさ(悲しみ) ②楽しさ(楽しみ) ③正しさ ④苦さ(苦み) ⑤おかしさ(おかしみ)

2 ①大きい ②さびしい ③よい ④新しい ⑤あぶない ⑥やさしい ⑦ない

3 ①イ・ケ・シ・ソ ②ア・ク・サ・ス ③ウ・オ・コ・セ ④エ・カ・キ・タ

4 ①なる・さく ②食べる・作る ③行く ④産まれる・入る ⑤来る・する ⑥飛ぶ・なる

5 ①ウ ②オ ③エ ④ウ ⑤イ ⑥エ

6 ①行こ ②帰ら ③進ん ④よべ ⑤かわいかっ ⑥ねむく

考え方

1 「さ」や「み」をつけて直します。③「正しみ」という言葉はありません。

2 ④「ていねい」が形容詞ではないことに注意しましょう。

4 語の最後がウ段の音になるように語形を変えます。

5 ①ウは形容詞、ほかは動詞。②オは可能の意味を表す動詞。③エは名詞、ほかは形容詞。④ウは固有名詞、ほかは普通名詞。⑤イは形容詞、ほかは名詞。⑥エは名詞、ほかは形容詞。

チャレンジテスト② 40~41ページ

1 ①イ ②ウ ③イ ④ウ ⑤イ

2 ①エ ②ア ③ア ④ウ ⑤イ

3 ①エ ②ア ③イ ④ウ ⑤エ ⑥イ ⑦ウ ⑧ア ⑨ウ ⑩エ

4 ①ク ②ア ③エ ④カ ⑤キ

5 ①ア ②ウ ③イ ④オ ⑤エ

6 (主語・述語の順に) ①国王が・下した ②ぼくは・なくしてしまった ③かねが・告げた ④ドアは・通じている ⑤花が・美しい

考え方

1 ③アは「強い」、ウは「強める」という意味で、イが「無理やりさせる」という意味で使われます。

3 ①エは形容詞、ほかは名詞。②アは名詞、ほかは動詞。③イは名詞、ほかは形容詞。④ウは名詞、ほかは動詞。⑤エは動詞、ほかは名詞。⑥イは代名詞、ほかは普通名詞。⑦ウは動詞、ほかは名詞。⑧アは数詞、ほかは固有名詞。⑨ウは形容詞、ほかは名詞。⑩エは動詞、ほかは名詞。

4 それぞれの意味は次のようになります。
ア ねうちのわからない者に貴重なものをあたえてもむだなこと。
イ どんなに上手な人でも、ときには失敗することもある。
ウ 何度失敗しても、くじけずにがんばること。
エ 少しの元手で、大きな利益を得ること。
オ 何か始めなければ、結果も得られないということ。
カ みんなが身も心も一つに結束すること。
キ すばやい動作のたとえ。
ク 始めから終わりまで。

6 まず述語を見つけ、次にその述語に対する主語をさがすようにします。

注意

3 ③のように、言葉の形だけでは決められないものもあります。言葉のせいしつに注意しましょう。イは、事がらを表しています。

チャレンジテスト③

42～43ページ

1
(普通名詞)キ・サ・ス・ヌ
(固有名詞)エ・シ・セ・ソ
(数詞)イ・カ・コ・ニ
(代名詞)オ・チ・テ
(動詞)ア・ウ・ケ・ナ・ネ
(形容詞)ク・タ・ツ・ト

2 ①ア ②ウ ③ウ ④オ ⑤イ ⑥オ
3 ①印象 ②回想 ③真相 ④利害
4 ①ア ②イ ③エ ④オ ⑤ウ ⑥カ
5 ①イ ②オ ③カ ④キ ⑤エ ⑥ア ⑦ウ

考え方

1 38ページ3で学習した分類を参考に取り組むようにしましょう。

2 ＝線の言葉を、答えだと考えた言葉に直接つないで、意味が通るかどうかをたしかめましょう。

4 それぞれの慣用句の意味は次のようになります。
①「足が遠のく」…関係がうすくなる。
②「気が長い」…のんびりしている。
③「頭がいたい」…心配ごとがある。
④「虫がいい」…身勝手で、ずうずうしい。
⑤「目がない」…ひどく好きで、夢中になる。
⑥「水と油」…せいしつや考え方がまったく合わないこと。

10 説明文①

標準クラス

44～45ページ

1
(1)ウ (2)ウ (3)たまご
(4)雨でやわらかくなった土のなか
(5)㋐メスの目 ㋑光にびん感
(6)(例)ホタルは、たまごも、幼虫も、さなぎも光をだしていること。
(7)ア× イ○ ウ× エ○

考え方

1 (4)指示語の指す内容は、ふつうその前に書かれています。幼虫は、川からでてどこにいくのかを読み取ります。(5)直前の文に着目します。(7)ア一段落目に、「さなぎのときも、光をだしている」と書いてあります。ウ三段落目に、「光りながら飛ぶのは、ほとんどがオス」と書いてあります。

ハイクラス

46～47ページ

1
(1)毒のあるとげ (2)ゴンズイやギギ
(3)Ⓐウ Ⓑオ
(4)㋐追いはら ㋑おどかし
(5)危険信号 (6)魚の群れ(のなか)
(7)(例)シマイサギがググーと鳴いた音
(8)イ・エ (9)ウ

考え方

1 (1)何を用いて危険からのがれるのかを、その前の部分からさがしましょう。(3)Ⓐ前の部分「毒のとげを使いたくない」、あとの部分「音をだして追いはらう」となっているので、原因と結果をつなぐ接続語を選びます。Ⓑ「ゴンズイやギギ」の例の次に、「イシダイや、シマイサギや、ハタンポなど」の例をあげています。(7)イシダイが何を聞いたのかを、前の部分から読み取りましょう。

11 説明文②

標準クラス　48～49ページ

1 (1)(例)新しいゴミの焼却炉を作ったとき
(2)豊かな暮らしを求め、多くのものを欲する生活
(3)㋐土から出たものを基本に生きる(生活。)　㋑地下から掘り出したものを中心に生きる(生活。)
(4)Ⓐイ　Ⓑエ　Ⓒウ
(5)(例)生物的なものを中心に使い、土から出たものを土に戻すという生活。

考え方
1 (2)二段落目に書かれています。(4)Ⓐ「土に育ったもの」＝「生物的なもの」と言いかえています。Ⓑ「食べ物を中心にする」か「木質を中心にする」→「土にも戻るし、燃やせば灰にもなる」となり、どちらかを選択する接続語が入ります。Ⓒ「燃やせば灰になる」→「灰が肥料になる」となり、変化を付け加えています。(5)最後の段落をまとめます。

ハイクラス　50～51ページ

1 (1)㋐におい　㋑マヨネーズ　㋒外から見える　㋓新聞紙　㋔見えない
(2)ⓐにおい　ⓑ見た目
(3)Ⓐイ　Ⓑウ　Ⓒア
(4)㋐ゴミ袋　㋑黒い　㋒半とう明　㋓食べ物(生ゴミ)　㋔食べ物探し

考え方
1 (3)Ⓐ「見える方だけを食べる」＝「目によって食べ物を探している」と言いかえています。Ⓑ「札幌市のある町」の例をあげています。Ⓒ「～からです。」につながる言葉は、「なぜなら」です。

チャレンジテスト④　52～55ページ

1 (1)イ　(2)いまから約1万年ほどまえ
(3)ゆたかで便利な生活　(4)エ
(5)最近の人間　(6)動物
2 (1)Ⓐイ　Ⓑウ　Ⓒア　Ⓓエ　(2)正しいみがよう
(3)㋐一人前(おとな)　㋑根の先　㋒えいよう
(4)(例)へん食をせず、なんでも食べ、さとうを食べすぎないこと。

考え方
1 (3)問いの「どんな生活ができるようになった」に注意してさがし出しましょう。(4)――線④の直前の段落の内容が、その理由にあたります。(5)直後の「この動き」とは、前の段落の内容を指しています。
2 (1)□の前後に書かれている内容を何度も読み、適切な接続語をあてはめます。(3)――線②の前後の内容をまとめます。(4)「へん食」「なんでも食べる」「さとう」の三つの言葉を必ず使ってまとめます。

12 物語文①

標準クラス　56～57ページ

1 (1)くさりにつ～由さのため
(2)Ⓐエ　Ⓑア
(3)(例)巣箱の中のくさりをむすびつけてある丸太をかみきろうとすること。
(4)(例)正太郎が子ギツネのくさりをとかないこと。
(5)㋐自分たちの～のよろこび　㋑ア
(6)ウ　(7)イ

考え方
1 (1)次の文に、その理由が書かれています。(3)「えらいこと」とは「たいへんなこと」という意味です。このあとの段落に書かれています。(4)「かわり」にした内容を答えないように気をつけます。また、問いの指定のとおり、「～が～しないこと」

の形になるように注意します。

ハイクラス 58〜59ページ

1 (1)㋐父　㋑さむらい　㋒ゆうれい
(2)(例)「ぼく」にないしょにしていることがあるうえに、とつぜん声をかけられておどろいたから。
(3)ウ　(4)十三(オくらい)

考え方
1 (2)行動の理由を説明する場合は、出来事と気持ちを合わせてまとめます。(3)最後の一文に「絶句してしまった」とあることからも考えます。(4)二人が恋におち、ぼくが生まれてから、十三年たっています。

13 物語文②

標準クラス 60〜61ページ

1 (1)バスの図書館
(2)(例)庭に停まっているバスを見た圭太のおどろいている様子。
(3)(例)バスのこと・本のいっぱいある図書館に行く
(4)イ
(5)(例)帽子をちょっと上げてあいさつをしたおじいさんに、圭太がぴょこりと頭を下げてあいさつを返したこと。

考え方
1 (1)いろいろな表現が考えられますが、六字をヒントに答えます。(2)直前の出来事をまとめて書きます。(3)直前のお母さんの行動から考えます。(5)おじいさんと圭太のあいさつをまとめて書きます。

ハイクラス 62〜63ページ

1 (1)なにか境界のような線のような、はばのせまいところ
(2)①(例)雲に入って見えなくなっている様子。　②イ
(3)ア

考え方
1 (1)――線①のある段落の最後に、「……を想像していた。」とあります。(2)①どうして道がとぎれているように見えるのかをイメージします。②直後のせりふから考えます。

チャレンジテスト⑤ 64〜67ページ

1 (1)タイムマシン
(2)イ　(3)エ
(4)㋐ヤンチャ　㋑存在
㋒この世に存在しない
(5)ウ　(6)イ
(7)(例)タイムマシンのことが書かれている、背表紙が赤い本。
(8)エ　(9)イ

考え方
1 (2)ヤンチャの病気を治す方法があるのではないかという希望を、ぼくと同じようにみんなが持ってくれていると思っていたのに、そうではなかったことがわかったときの気持ちを考えます。(3)「連れだつ」は、「一緒に行く」という意味。(6)ハム太への注意です。何を注意したいのか、場面から読み取ります。(8)最後の段落の内容をもとに考えます。(9)アお見舞いに行くのがいやかどうかについては、本文には書かれていません。ウそそっかしいハム太は、リーダーらしき行動をとっていません。エみんなのことを気づかっているのであって、うらやんではいません。

14 説明文③

標準クラス 68〜69ページ

1 (1)㋐海水　㋑ロ　㋒しょっぱ
(2)塩辛くない水
(3)①エ　②長い目でみ〜ているから
(4)それでは、同じ理屈で、大きな湖もしだいに塩辛くなっていくのでしょうか。

考え方
1 (3)②直後の段落に、理由を示す「〜から」という言葉があることに注目します。(4)直前にその内容が書かれていますが、「一文を」という指示に注意します。

ハイクラス 70〜71ページ

1
(1)Ⓐウ Ⓑエ Ⓒイ
(2)①2 ②五(つ)
(3)(例)つる植物(や背の低い木や草)が、林の中に(直接)強い風や光が入りこまないようにしていること。
(4)エ
(5)有益なこと・3 害をおよぼすこと・5
(6)ウ

考え方
1 (3)直前に説明されている「働き」についてまとめます。(5)直前に、ならべる意味のある「と」があることに注目します。

15 説明文④

標準クラス 72〜73ページ

1
(1)①洋服 ③末期
(2)㋐A ㋑B ㋒B ㋓A ㋔B
(3)アナログ時計の文字盤の文字の配列のしかた
(4)①なぜ時計の針は右回りになったのか
②(例)日時計によってアナログ時計の文字盤の文字の配列のしかたが固まったために、その後に現れた時計に「時計回り」が受けつがれたということ。
(5)①× ②× ③○

考え方
1 (4)②直前に「というのが」とあるので、直前にまとめられていることに気づきましょう。(5)①最後の文から、南半球で時計があったかどうかは説明されていません。②本文では、利き手についての説明はありません。

ハイクラス 74〜75ページ

1
(1)人間の食べ物をサルにあたえる行為
(2)(例)サルも人間がおいしいと思う食べ物をおいしいと思うこと。
(3)(例)・サルたちの生息地であった山に、畑や住宅地がどんどんせまっているから。
・サルたちに食べ物を用意してくれていた落葉広葉樹の林が、スギやヒノキの植林地に変わってしまったから。
(4)畑で生まれて畑で育った世代・山育ちに戻すの
(5)㋐野生 ㋑食べ物 ㋒トラブル ㋓つきあい方

考え方
1 (2)直前に、サルが思っていることを想像して書いています。(3)前の部分に「また」とあるので、その前とあとの内容が理由にあたります。また、理由を問われているので、「〜から。」の形で答えます。

チャレンジテスト⑥

76〜79ページ

1
(1)Ⓐウ Ⓑア Ⓒエ
(2)①イ ③ア
(3)それは、地〜いだろう。
(4)①夏 ②春 ③秋
(5)タケノコの赤ちゃん
(6)①高さ三〇センチメートルにもならないうちに生長できなくなり、だつ落していく(タケノコ。)
②平等に栄養を与えて多数の栄養不全
(7)(例)若いタケノコを食用にするのは、「トマリタケノコ」を減らすことになっており、竹林の生長をさまたげることにはならないから。

考え方
1 (3)――線②の直後にまとめられています。(4)四・五段落に書かれています。(6)①直前にまとめられています。②七段落目にある「子供」を「タケノコ」に置きかえて考えます。(7)最後の段落に説明されています。

16 物語文③

標準クラス 80～81ページ

1 (1)鈴虫をにがしてやろうじゃありませんか

(2)ア

(3)(例)暴風雨の中で、鈴虫が無事でいるかどうか心配する気持ち。

(4)(例)①かごの中でかって　②もっと長く生きること

考え方

1 (1)――線①の前にある「弟がもう一度言いました」に注目します。(3)暴風雨のあとに「どうしたろう」とあるので、鈴虫を心配していると考えます。(4)「うなずきました」とあるので、兄は、前にある弟のせりふに、同感しているのです。

ハイクラス 82～83ページ

1 (1)ウ

(2)(例)縁日で売られているヒヨコは体が弱くてすぐに死んでしまうので、トットちゃんが泣くことになるということ。

(3)㋐イ　㋑エ

(4)別れ

考え方

1 (1)アとウでまよいますが、パパの説明はうそではないので、アはあやまりです。(3)泣く原因となった場面の状況を、おさえます。㋐は、何度お願いしてもヒヨコを買ってくれなかったとき、㋑は、ヒヨコが死んだあと、生きていたときの姿を思い出したときのなみだです。(4)「大切にしていたヒヨコの死」＝「別れ」と考えます。

17 物語文④

標準クラス 84～85ページ

1 (1)Ⓐイ　Ⓑウ　Ⓒア

(2)㋐人間　㋑子スズメ　㋒親スズメ　㋓おとうさん

(3)(例)巣からおちた、うまく飛べない子スズメのいのちをたすけたことになるから。

(4)ウ　(5)イ

考え方

1 (1)アはおかあさん、イはななこさん、ウはおとうさんのせりふです。(3)直前のおとうさんのせりふから考えます。(4)あたりを見まわしている子スズメの様子を表している言葉を選びます。(5)子スズメといっしょうけんめいなおかあさんの愛情あふれる場面を想像して、うれしくなっているのです。

ハイクラス 86～87ページ

1 (1)ウ

(2)㋐メダカ　㋑赤ちゃん　㋒生まれ

(3)①㋐二人　㋑一緒　㋒こまったなあ

②(例)必死になって考えたが、少しもいい考えがわいてこないこと。

考え方

1 (1)あらすじをヒントに考えます。(2)直前に「――と」とあるので、その前の部分が「たかをくくっていた」内容です。(3)②なさけないと感じた理由は、――線③のあとに書かれています。

18 いろいろな文章

標準クラス 88～89ページ

1 (1)Ⓐコ　Ⓑク　Ⓒケ　Ⓓキ　Ⓔア　Ⓕウ　Ⓖイ　Ⓗエ　Ⓘカ

(2)拝啓

(3)花の便りもあちこちで聞かれる季節となりました。

(4)敬具
(5)④いただいた　⑤おうかがいしたい（お聞きしたい）
(6)春
(7)(例)おみやげへのお礼
(8)(例)会いたいので、都合のよい日時が知りたい。
(9)①カ　②キ　③ア

考え方

1 (1)Ⓑ・Ⓒは、まずはお礼の言葉を書き、次に具体的に何に対して感謝をしているのかをくわしく伝えるので、ク・ケの順とします。Ⓗ「前文」は、頭語、時候のあいさつ、相手の様子をたずねる文という順で書きます。(3)「時候のあいさつ」とは、季節に関係する文のことです。(4)「結語」は、(2)の「頭語」との組み合わせが決まっています。たとえば次のようなものがあります。
拝啓・拝復―敬具・敬白・かしこ(女性が使う)
前略―草々・かしこ
(5)「もらった」のも「聞きたい」のも自分なので、けんじょう語(自分を低めて言う)の表現にします。(6)「花の便り」の「花」とは桜のことで、春とわかります。(8)「旅行の話を聞くために会いたい」と伝えています。

ハイクラス　90～91ページ

1 (1)食パンのかびの生え方について
(2)(例)(パンの状態によって、)かびの生え方にちがいがあるかどうかを調べるため。
(3)②・③
(4)同じ
(5)(例)かびは、ちょうどよい温度でしめった所で生えやすい。
(6)(例)生えたかびの種類の名前

考え方

1 (2)じょうけんのちがいが、結果にどう関係するかを観察しています。(4)②と③では、②の結果のほうがより多くかびが生えていたので、予想どおりといえます。(5)「まとめ」の最初の文を短くまとめます。

チャレンジテスト⑦　92～95ページ

1 (1)Ⓐウ　Ⓑエ　Ⓒア　Ⓓオ
(2)ウ　(3)ゴム動力の飛行機
(4)(例)飛行機大会で、くふう賞と努力賞の二つをとるということ。
(5)(例)二人とも自分自身でもみとめるくらいぶきっちょだったこと。
(6)エ　(7)イ
(8)(例)一年もまえから、大会のじゅんびをすること。

---

(9)時間
(10)すごいいき
(11)㋐エ　㋑ウ　㋒オ　㋓イ　㋔ア

2 ①初秋　②初夏　③初春　④初冬　⑤初夏

考え方

1 (2)――線①のあとの「それは」以降に書かれています。(3)去年つくった飛行機の名前ですが、どのような飛行機だったか、八字をヒントにさがします。(4)「二冠」とは、二つの賞をもらうことを指します。(5)――線④と⑤の間の会話から考えます。(8)――線⑤以降の会話から考えます。「手」とは、「方法」という意味です。(9)直後のせりふの「一年もまえから」、そのあとの「まず」で始まる段落の「一年も時間をかける」に注目します。(10)――線④の前の段落に説明されていることに気づくようにします。(11)会話なので、基本は交互に話します。それぞれだれのせりふなのかを区別してあてはめていきます。

19 論説文①

標準クラス　96～97ページ

1 (1)(例)数学は科学の基礎だとか、数学をやると頭が論理的になるとかいうこと。
(2)ア　(3)イ　(4)本物

(5)(例)学校の勉強を、マンガやテレビのように楽しんでするること。

考え方

1 (1)直前の内容を指しています。(2)「人間として、全体として」→「人生」と連想しています。(3)三段落目の初めにまとめられています。(5)六段落目に書かれている、勉強についての考え方をまとめます。

ハイクラス 98〜99ページ

1 (1)㋐エネルギーを使うと出てくる熱 ㋑世界の原子力発電所から出るゴミ
(2)ウ
(3)(例)人類の都合だけで資源を使い、副産物やゴミを出しながら新製品をつくって利用していく文化。
(4)地球全体とか地球の将来
(5)(例)地球の財産を人類や地球の資産として未来のために生かすことを考える知恵。

考え方

1 (1)接続語「また」の前後の内容から、できるだけ十五字に近い字数になるように答えます。(2)二段落目のフロンガスの要点を読み取ります。(3)直前の内容を、「いわば」のあとの——線②の言葉で言いかえているので、直前に説明されていることをまとめます。その前に書かれている内容をまとめます。(5)「そういった」とあるので、その前に書かれている内容をまとめます。

20 論説文②

標準クラス 100〜101ページ

1 (1)Ⓐウ Ⓑイ
(2)言葉の質が落ちて(いる。)
(3)(例)スピードを争う時代では、相手に何か言われたらすぐさま答えなければならないから。
(4)世の中のすべてのスピードが速くなったということ
(5)ア

考え方

1 (1)Ⓐ「速くないとだめ」「すぐさま答えなければならない」と続いていることから、にたような内容をつけ加えていることになります。Ⓑ今までの話のまとめが書かれている段落なので、「つまり」が入ります。(2)「言葉づかいがきたない」「話し方がよくない」の両方をまとめた同じ意味の表現をさがしていく問題です。たいてい、まとめの段落にあることが多いので、まずはまとめの段落をさがしましょう。(3)直前の「〜から」が理由を示す言葉であることに注目して、その部分をまとめましょう。(4)「すぐにも返事をしなければならない」ために、「言葉づかいがきたなくなっている」という話の展開から、二段落目「その背景にひとつ隠れていること」の内容をさがします。「根本的な」とあるので、直前の「Eメールでは……返事ができるから」の部分ではないことに注意します。(5)最後の一文が筆者の意見です。「きれいな言葉を選んで使ったほうがずっといい」に関係の深い内容を選びます。

ハイクラス 102〜103ページ

1 (1)Ⓐウ Ⓑエ Ⓒア
(2)けれども
(3)告知
(4)(例)・穏やかな時代に育ったこと。
・教育が普及したこと。
・話しことばに接する機会が多くなったこと。

考え方

1 (2)五段落目にある、「考え方」と同じような意味の言葉「見方」に注目しよう。(4)五段落目の「一つには……」以降に書かれています。三つに分け、それぞれの要点を簡単にまとめます。

21 伝記文

標準クラス 104〜105ページ

1 (1)ウ
(2)①食堂の自分〜のだった。
②まるで、子イヌが、たべものをあさってあるくようなようすだったからである。
(3)(例)ヘレンの食事どきのぎょうぎの悪さ。
(4)エ

考え方
1 (1)「あきれてものが言えないほどひどい」という意味の慣用表現です。(4)両親は、ヘレンの手をはらいのけたり、たたいたりするサリバン先生のやり方を、「少しひどい」と思っているのです。

ハイクラス 106〜107ページ

1 (1)①母ヒツジに〜る気がない ②(例)母ヒツジが人間の手のにおいが嫌いなことも知らず、子ヒツジをさわったこと。
(2)Ⓐオ Ⓑイ
(3)㋐子ヒツジに関心をむけ ㋑子ヒツジを守ろう

考え方
1 (1)②二段落目以降のテリーの会話文の内容をまとめます。(3)次の段落に、「劇のよう」とあります。

チャレンジテスト⑧ 108〜111ページ

1 (1)①作物に必要な成分を与えるということだけを考えてつくられた肥料
②㋐土 ㋑考えられていない ㋒べつの化学物質
(2)エ (3)ウ
(4)(例)病虫害を防ぐために、焼却したり、どこかに捨てたりすること。
(5)数年で老化してゴミになること。
(6)有機物を無機物に分解する微生物の働き
(7)無機物(の一部)
(8)(例)廃棄物は、生産—消費—還元という循環から、外れたものだから。
(9)ア× イ○ ウ× エ×

考え方
1 (1)①直後に書かれています。(2)エの内容はまったく書かれていません。(3)「土がやせる」とは、作物を育てる力がなくなることで、反対の意味の言葉は、「土が肥える」です。(4)直前の文に書かれています。(6)——線⑥の段落と次の段落に、「良質の肥料」となる過程について書かれています。

22 随筆文①

標準クラス 112〜113ページ

1 (1)一しゅんの
(2)昨年の春まだ寒いころ
(3)㋐よっていた ㋑前向きにばったり ㋒たたきつけ
(4)(例)(よい点)だれも見ていなかったという点。
(悪い点)すぐに歯医者に行けなかったという点。
(5)イ

考え方
1 (3)二段落目と四段落目に、指定の字数の言葉があります。(4)五段落目にある「好都合」「不都合」に注目します。(5)の前後では反対の内容が書かれています。

ハイクラス 114〜115ページ

1 (1)たかった。 (2)エ
(3)(例)正直にあやまってくれたこと。
(4)命を傷つけずに遊ぶためのルールや、弱い仲間を守る気持ち
(5)(例)人に向けては
(6)(例)花火の音を美しい音楽のように聞くという楽しみ方。

考え方

1 (1)「いま思うと」という言葉から、その前までの出来事をふり返っていることがわかります。(2)ゆうちゃんの「ごめんなさい」というせりふに注目します。(4)最後の段落の「花火は……教えてくれた」という部分に注目します。(6)最後の段落の一行目に注目します。

23 随筆文②

標準クラス　116〜117ページ

1
(1)①ハラス
②ものをくわえて運ぶ(才能。)
(2)ウ　(3)エ
(4)国宝級のものをつくり出す(才能。)
(5)ア

考え方

1 (1)②二段落目は、犬の才能を具体的にためしている内容です。初めの部分に注目します。(2)お使いができる犬に対して、周りの人がどう思うかを考えます。(3)前に「ほめられれば……」とあるので、ほこらしいときに使う表現です。(4)指示語の問題です。直前の言葉に注目します。(5)エとまよいますが、この文章のテーマである「ほめてのばす」のアを選びます。

ハイクラス　118〜119ページ

1
(1)㋐電車　㋑かさ　㋒かさに付いているひも
(2)㋐若い人　㋑お年寄り(老人たち)
㋒半とじ
(3)しかし、い　(4)ウ

考え方

1 (2)――線②の前に書かれている、筆者が観察した内容をまとめます。(3)若者についてのマナーが書かれた内容をさがします。「文」とあるので、文頭の五字をぬき出します。(4)どれもこの文章に書かれている内容ですが、最もいいたかったことは、最後の段落に書かれているウとなります。

チャレンジテスト⑨　120〜123ページ

1
(1)ウ
(2)㋐職人　㋑ワンタン　㋒作り続ける
(3)ワンタンのおいしい店
(4)エ
(5)(例)正義感のある若い人たちが未来を担う国だから。

2
(1)(例)長い間だれにも使われていなかったということ。
(2)だれでもその前にすわれば演奏できるものと思っていた(から。)
(3)(例)ピアノは練習しないと弾けるようにならないという考え。
(4)①真似・模写
②(例)自然のなかに美を感じ、ものを見る目を養っていくこと。

考え方

1 (1)エとまよいますが、「夏休み」という言葉と、あとに続く内容からウを選びます。(4)あとに「この正義感」とあるので、まちがいを指摘したことがわかります。(5)「若い人」「正義感」「未来」の言葉を必ず使ってまとめます。「未来は明るく、何があってもだいじょうぶだから。」では、なぜそう思ったのか理由が書かれていないので、不十分です。

2 (1)「埃をかぶる」→触れていないために埃が積もるとイメージします。(2)あとの部分に、「……と思っていたらしいのです」とあります。(3)ピアノを弾くことについての当たり前のことをさがします。(4)①絵のトレーニングとして、画家の絵をどうすると書いているかをさがします。また、ピアノを弾くことができるようになるための一つの方法が何かを読み取ります。②最後の文に注目します。

24 詩・短歌・俳句

標準クラス 124～125ページ

1 (1)(例)各行の終わりのいくつかの音と、次の行の初めのいくつかの音が同じところ。
(2)イ　(3)ウ

2 (1)イ　(2)針・(春雨の)降る

3 (1)①ア　②イ　③ウ　④ウ　⑤ア　⑥ウ
(2)④

考え方

1 (1)音に注意して読んでみるとわかります。(2)直前の「とびはねて」に注目します。(3)直前の「さっきの蛙」に注目します。

2 (1)「一目見んとぞ　ただにいそげる」は、「一目見たいと、ただ一心に急ぐ」という意味です。ここから、病気にたおれた母を思っていることがわかります。(2)「雨」が静かにしとしとと降る様子と、「ばら」が生長している途中である様子をイメージします。「針」は「ばらのとげ」を指しています。

3 (1)句の中の言葉を手がかりにあてはめていきます。また、「五・七・五」の音数にも注意します。
①汽缶車→車輪。②白葱→(包丁)で刻む。③あたりにふゆる→自分の周りに何かが飛びかっている様子から蜻蛉になります。④声→音を出す(鳴く)ものをさがします。⑤日かげ日なたと飛びにけり→蝶の習性を知っているとあてはめやすくなります。⑥ようやく外で遊べることを喜んでいる子どもたちをイメージします。
(2)松尾芭蕉は、旅を通して自然の美をうたった句を作りました。有名なものに、紀行文「おくのほそ道」があります。

ハイクラス 126～127ページ

1 (1)春　(2)二
(3)Ⓐウ　Ⓑエ　Ⓒオ　(4)ウ
(5)(例)かわったもの
(6)(例)春がきたから(あたたかくなったから)
(7)イ

2 ①イ　②ウ　③イ　④ウ　⑤ウ

考え方

1 (1)「つばめ」「北風は……やんで」から、春がイメージできます。(2)「春の様子」から「妻」へと注目しているものがかわっています。(3)Ⓒ春の風の様子としてふさわしいものを選びます。(4)17行目に作者の感情がはっきりと書かれています。(6)冬の間、冷たい水や空気にさらされていた妻の手が、春になってあたたかくなってきたことでかわってきた様子を表現しています。

2 「五・七・五」の音数と、句の中の言葉をヒントに選びます。
①山にある朱色のものをさがします。②思っていたより重いものとは何かを考えます。③「鞭うつ」から、しなやかなものをさがします。④一輪さくごとに春のおとずれを感じています。早春にさく植物をさがします。⑤つるべにまきついている様子を、「とられて」と表現しています。まきつきながら生長する植物をさがします。

チャレンジテスト⑩ 128～129ページ

1 (1)(例)夕方　(2)村
(3)ウ　(4)①生　②死

2 (1)イ　(2)東京都
(3)(ふるさとの)訛

3 (1)無力な(　)枚の木の葉のように屋上にねころんで手をつないでみた
(別解)屋上にねころんで無力な(　)枚の木の葉のように手をつないでみた
(2)二　(3)①イ　②エ

考え方

1 (2)森(自然)と村(人工)が対比されています。(4)「小さな額が……」の行から、鹿が銃でうたれ、死んでしまうことがわかります。

2 (1)・(2)これは、啄木がふるさと(岩手県)から都会(東京)に出てきているときによんだ歌とされています。上野駅のホームに、この歌碑が置かれています。(3)この短歌の中で、きこえるものは何かと考えます。

3 (1)ふつうは「……に」などの言葉では終わりません。このような表現技法をとう置法といいます。(2)「手をつないで」から、二人いることがわかります。「木の葉」にたとえているので、「二枚」となります。

仕上げテスト① 130〜133ページ

1 ①え ②えんぶん ③れいか ④きゅうしょくひ ⑤かんりにん ⑥しょにち ⑦にがわら ⑧えいよう ⑨しめい ⑩はくがく ⑪あさめしまえ ⑫とうゆ ⑬しょうちくばい ⑭はつまご ⑮ちょうろう ⑯たいりょう ⑰くだもの ⑱けしき

2 ①伝記 ②欠航 ③仲間 ④散 ⑤貨物列車 ⑥消印 ⑦目標 ⑧別人 ⑨成功 ⑩労働者 ⑪健全 ⑫救急車 ⑬人類 ⑭節約

3 ①のぶん(ぼくづくり)・7 ②りっとう・8 ③こざとへん・11 ④しんにょう(しんにゅう)・5 ⑤えんにょう・9 ⑥ぎょうがまえ・12

4 ①4 ②4 ③6 ④5 ⑤3

5 ①害・りがい ②低・こうてい ③失・とくしつ ④負・しょうぶ(敗・しょうはい)

6 ①喜ぶ ②争う ③告げる ④満たす ⑤唱える ⑥省く

7 ①オ ②エ ③カ ④イ ⑤ウ ⑥ア

8 ①カ ②エ ③ウ ④オ ⑤ア ⑥イ

9 ①オ・音 ②カ・手 ③エ・的 ④ア・実 ⑤イ・借 ⑥ウ・折

10 ①以・伝 ②単・直 ③右・左 ④電・石 ⑤有・無 ⑥馬・東

11 ①ウ ②イ ③ア ④ア ⑤イ

12 ①(主語)雲が (述語)変える ②(主語)人は (述語)住んでいない ③(主語)山本さんも (述語)かっている ④(主語)野菜は (述語)いいのよ

考え方

1 ⑪はすべて訓読み、⑬はすべて音読みです。⑰・⑱は熟字訓で、熟語となったときの特別な読み方です。

3 ③「阝」は3画で書きます。「部」など「阝」が右側にある場合は、「おおざと」といいます。④・⑤「辶」も「廴」も3画で書きます。⑥「ぎょうにんべん」ではありません。

4 どれも筆順をまちがえやすい漢字です。「筆順のきまり」もありますが、まずは新しい漢字を初めて書くときに、正しい筆順を覚えることが大切です。

5 ②たかい—ひくい、③える—うしなう、④かつ—まけると、訓読みで考えるとよいでしょう。

6 どれも送りがなをまちがえやすい漢字です。①「よろこ-ばない、よろこ-びます、よろこ-ぶとき、よろこ-べば」と、言葉が変化するところから送りがなをつけるのが原則です。

7 ④と⑥でまよいますが、「しとしと」は雨、「しんしん」は雪がふる様子に使われる言葉です。

8 それぞれの意味は次のとおりです。
①下手なくせに、そのことが好きなこと。
②おさないころにいっしょに遊んだ、仲のいい友達。おさななじみ。
③かくさずに、本当の気持ちを打ち明ける。
④何かがきっかけで、今までよくわからなかったことが、急に理解できるようになる。
⑤はじをかかせる。
⑥考え方や行動がうわついていて、しっかりしていない。
③「〜を割る」には、ほかに「口を割る」(かくしていたことを話してしまう。)があります。体の一部の言葉を使った慣用句はたくさんあるので、意味のちがいをかくにんしながらまとめて覚えるとよいでしょう。

9 ①「弱音をはく」と同様に、「音」を使います。③射るものは何かと考えます。④「結実する」という意味で、「実」を使います。⑤反対の意味の実力のある者が下の者の練習の相手をしてやることは、「胸を貸す」といいます。

10 ①「意心伝心」と書かないようにします。②「短い刀で」という意味はないので、「短刀直入」と書かないようにします。③うろたえて、右に行ったり左に行ったりすることです。⑤名前が有って、実が無いことです。⑥同じ意味のことわざで、「馬」を使った「馬の耳に念仏」があります。

11 それぞれの文の主語と述語に注目し、述語が「どうする・どんなだ・何だ」のどれにあてはまるかを考えます。「何だ」の場合は、「名詞(人や物事の名前)＋だ」となります。

12 まず述語を見つけ、次にその主語は何かを考えます。③「が・は」だけでなく、「も・さえ・こそ・まで」などが付く言葉も主語になります。④は順番がぎゃくになっています。「緑や　黄色の　野菜は　体にいいのよ。」と直して考えます。

注意

1 ⑫「とおゆ」と、かな書きのまちがいをしないようにしましょう。

2 ⑥「消し印」とは書きません。⑫「急救車」と書かないように注意します。

仕上げテスト② 134～137ページ

1 (1)ゴリラ　(2)あいさつの言葉
(3)個人の自由を確立する(ために必要だから。)
(4)①群れをつくる　②自由に行動する
(5)ア　(6)オ

2 (1)㋐人間は～む動物
㋑体に一～どいい　㋒ゼロ
(2)(例)体に一気圧の圧力がかかること。
(3)気圧(圧力)　(4)管の上～という(原理。)
(5)Ⓐエ　Ⓑア　Ⓒウ
(6)空気(大気)
(7)(例)一気圧とは水深十メートルの重さくらいであること。

考え方

1 (1)ゴリラのあいさつのていねいさを、日本人の丁重さにたとえています。今の若者へのひはんがこめられているので、人間よりゴリラのほうが丁重であると、筆者は皮肉をいっています。(3)最後の段落に、その理由が書かれています。(4)――線③のあとの部分からさがします。(5)あいさつを生み出し、使用した流れをつかみます。(6)「もどってくる」ということは、その前に「でかけていた」ということです。

2 (1)「なぜなら～」の段落に書かれています。(2)・(3)指示語の指す内容は、ふつうそれより前に書かれています。(4)ストローは、ポンプと同じ原理であると説明されています。(5)「気圧はゼロと思っていた」→Ⓐ→「気圧は発見された」となるので、Ⓐは反対の事がらを続けるときに使う接続語が入ります。(7)「一気圧」が、どれくらいの重さなのかの内容も加えます。

仕上げテスト③ 138～141ページ

1 (1)①㋐創業100年を～1年に開館
㋑国内や海外～いるところ
②(例)1秒の歴史を調べるため。
(2)・歯車を組み合わせた時計
・ぜんまいふりこ、ないし、てんぷで動く時計
(3)動力
(4)㋐正確に時を刻む
㋑歯車の動きを調整する
(5)(例)大量生産と時刻のデジタル表示を可能にし、精度もはるかに高い点。
(6)ア

2 (1)イ　(2)ウ　(3)故郷　(4)イ
(5)忘れがたき・思い出づる・山はあをき・水は清き

考え方

1 (1)①直後に説明されています。②筆者の

初めのせりふに書かれています。(2)「機械時計は」と「いわゆる機械時計は」で始まる段落に説明されています。(3)二つあと、三つあとの段落に、それぞれ「動力」と「調速機」の説明が書かれているので、□には「動力」が入るとわかります。(4)□と――線③の直後の内容を合わせてまとめます。また、「しくみ」の言葉に注目します。(5)前の段落のクオーツの利点と、――線④の直後の高い精度の内容をまとめます。(6)最後の段落の内容を読み取ります。

2

(1)この詩は童謡にもなっています。声に出して読めば、音数にきまりがあり、一定のリズムがあることに気づくはずです。(3)「故郷」を思いかえすということは、今は「故郷」にいないということです。(4)「こころざしを　はたして」から、**イ**だとわかります。(5)それぞれの連(感情や内容などで区切った数行のまとまり)に説明されている故郷の内容をぬき出します。

仕上げテスト④

142～144ページ

1

(1)7(人)

(2)(例)コロクが自分の机を立って、ナナコの部屋へ行くまでの気持ち。

(3)(例)自分がピアノをひいていたことが、コロクの勉強のじゃまになり、コロクをいらいらさせたこと。

(4)**ウ**

(5)(例)・コロクがナナコにピアノをやめるようにたのまずに、はじめからどなりつけた点。

・兄であるコロクが、妹であるナナコをなぐった点。

(6)相手の気持ちを察してやるという思いやり

(7)(例)来週の日曜日に、コロクがヒロシの家にナナコを遊びに連れて行くこと。

(8)**ウ**

考え方

1

(1)原告(ナナコ)、原告の弁護人(アヤコ)、被告(コロク)、被告の弁護人(ヒロシ)、裁判長(ヤスケ)、お父さん、お母さんの7人です。(2)直前に書かれていますが、原告・被告を名まえに置きかえてまとめます。(3)前の段落に書かれてあるコロクの考えをまとめます。(4)直後の「弁護人ぶり」から、弁護人としてふさわしい態度をしめす言葉を選びます。(5)あとに続く「第一の点は～」「第二の点は～」の内容をまとめます。(6)――線⑤の前に、「欠けていた」内容として説明されています。(7)アヤコ、ヒロシが求めた判決の内容に注目します。(8)裁判の展開は、どんなところがすばらしいと思えるかを考えてみよう。**オ**とまよいますが、子ども全員がわがままを言っているのではありません。